C Wilmanns, J Matern

Die Kreditnot der Grundbesitzer

und deren Abhilfe durch eine norddeutsche Bundeshypothekenbank

Die volkswirthschaftliche Aufgabe

der landschaftlichen Hypotheken-Kredit-Institute

und

Grundzüge

für die

nothwendige Reorganisation

derselben

von

Dr. J. Matern,

Guts- und Fabrikbesitzer in Königsberg i. Pr.

Berlin.
Verlag von Wiegandt und Hempel.
1868.

Verlag von J. Guttentag in Berlin
(Guttentag & Dahlen.)

Druck von J. Draeger's Buchdruckerei (C. Feicht) in Berlin.

Inhalt.

I. Einleitung. Entwickelung der volkswirthschaftlichen Aufgabe der landschaftlichen Hypotheken-Kredit-Institute.
II. Weitere Begründung derselben.
III. Die Reform der landschaftlichen Hypotheken-Kredit-Institute in den Hauptprinzipien. Paristand der Pfandbriefe. Veränderlicher Zinsfuß. Kündbarkeit der Pfandbriefe vom Inhaber.
IV. Die Reform des landschaftlichen Taxwesens.
V. Die Reorganisation der Verwaltung und Verfassung. Schluß.
VI. Recapitulation.

Vorwort.

Nachstehende Abhandlung hatte ich für die Ostpreußische land- und forstwirthschaftliche Zeitung geschrieben: da veranlaßte mich die Erwägung, daß dieselbe auch in einem weiteren Kreise Interesse finden könnte, diesen Weg der Veröffentlichung zu wählen. Ich habe geglaubt derselben dennoch die ursprüngliche Form lassen zu können, ich habe es nur für angemessen gehalten, noch eine Recapitulation hinzuzufügen.

Das Wesen der Sache empfehle ich Landwirthen, Kapitalisten, Geschäftsmännern und Nationalökonomen zu geneigter Beachtung und strenger Kritik.

Königsberg i. Pr. im December 1867.

Der Verfasser.

I.

Mangel an Hypotheken-Kapital und Hypotheken-Kredit, das ist der immer erneuerte, immer mehr mit Schrecken erfüllende Klageruf der Landwirthe. Wie ist dieser begründeten Klage, wie ist dem thatsächlichen Nothstande in wirksamster Weise entgegenzutreten? Wie lange schon, wie viel, und wie gründlich auch ist diese Frage discutirt! und doch — wie wenig ist geschehen, um wirklich zu helfen!! Ja, man ist immer noch nicht einig darüber, worin denn recht der Grund des Uebels steckt. Fehlt es an Kapital? oder fehlt es nur an Kredit? oder fehlt es gar an Geld? oder fehlt es vielleicht an zweien oder allen dreien zugleich? Ist das Kredit- und Kapitalbedürfniß zu groß oder sind die Mittel zur Befriedigung nicht in zureichendem Maße vorhanden? So hat man viel gefragt, und richtige wie unrichtige Antworten auf diese Fragen zusammengesucht. Allein des unheimlichen Pudels Kern ist bis jetzt immer noch nicht enthüllt, wir kennen des Uebels Wurzel immer noch nicht. Warum lassen wir denn aber Stamm und Zweige des Uebels weiter wachsen, weil wir dasselbe nicht mit der Wurzel ausroden können? Mag es den vereinten Arbeiten volkswirthschaftlicher und statistischer Wissenschaft und des praktischen Geschäftslebens für die Zukunft anheimgestellt bleiben, in dem Gewirre volkswirthschaftlichen Wurzelgetriebes die Ursachen unserer Kapitalnoth bloßzulegen und dieselben herauszupräpariren, damit sie nicht wieder austreiben; wir müssen ungesäumt an den Stamm

geben und diesen abhauen. Vielleicht werden dann schon mit dem Abhauen des Stammes auch die Wurzeln zum Theil absterben.

Das unterliegt keinem Zweifel, daß unsere Volkswirthschaft, und in dieser vor Allem unsere Landwirthschaft Kapital und Kredit braucht. **Vor Allem Kapital und Kredit schaffen,** um den Mechanismus der Volkswirthschaft wieder in guten Gang zu bringen und dann ungestört darin zu erhalten, das heißt den Stamm des Uebels der Kapitalnoth abhauen. Ich nehme eine Privatwirthschaft zum Beispiel: Ist eine solche durch Umstände in Verluste gerathen und in Bedrängniß, und leidet darunter und kann nicht zum Aufblühen kommen, weil es immer an Kapital und Kredit fehlt, während dieselbe sonst durchaus gedeihensfähig ist, so ist das Nächste und Nothwendigste, Kapital und Kredit zu verschaffen; sodann aber ist zu sorgen, daß die Ursachen der überwundenen Bedrängniß nicht wieder zur Wirkung gelangen. Ganz ebenso ist es in der Volkswirthschaft: ist dieselbe im Ganzen gedeihensfähig, und ist es insbesondere auch die Landwirthschaft, so ist auch hier das Nächste und Dringendste, derselben Kapital zu verschaffen und Kredit zu erschließen, und es sollte nicht gesäumt werden, jedes geeignete Mittel dazu in Anwendung zu bringen. Ich setze voraus, daß es bald gelingen wird, auch die Ursachen der andauernden schon alten Kapitalnoth so deutlich zu bezeichnen, daß die durch Kapital und Kredit neu gestärkte Landwirthschaft sich vor dem Wege hüten, oder von demselben abwenden kann, auf welchem sie wieder in neue Bedrängniß gerathen würde.

Zu den Mitteln also, Kapital und Kredit zu schaffen. Wir greifen nach dem nächsten: wir haben ein Hypotheken-Kredit-Institut, wir haben unsere alte Ostpreußische Landschaft. Aber diese Landschaft ist in ihrer gegenwärtigen Verfassung wirkungslos und bedeutungslos gegenüber der Aufgabe, welche zu erfüllen ist. Dieselbe soll uns Kapital schaffen und Kredit, soviel als die Landwirthschaft nur braucht. Das ist viel, sehr viel ver-

langt! aber nicht zu viel!! Wir wollen uns die Sache zergliedern und fragen:
1) Welche Aufgabe muß die Volkswirthschaft einem landschaftlichen Hypotheken-Kredit-Institut stellen? und
2) welche Eigenschaften können eine Landschaft befähigen diese Aufgabe zu erfüllen?

Die volkswirthschaftliche Aufgabe der landschaftlichen Hypotheken-Kredit-Institute.

Wenn unsere alte Landschaft das vergrößerte Kreditbedürfniß der Gegenwart befriedigen soll, so urtheilt man wohl in oberflächlicher Betrachtung der Sache, daß dieses nicht anders als auf Kosten der Solidität des Instituts geschehen könne. Die Landschaft könnte allerdings das erhöhte Kreditbedürfniß des Einzelnen nicht anders befriedigen, als daß dieselbe die Beleihungsquote noch erhöhte, oder die Taxe des Gutes höher herauszubringen suchte. Die Landschaft ist in dem einen dieser Punkte schon so weit gegangen, daß ein weiterer Schritt nicht zulässig erscheinen kann; dieselbe bepfandbrieft die Güter bis zu zwei Drittheilen der Taxe. Wollte dieselbe aber durch ein den Zeitverhältnissen entsprechendes neues Taxverfahren den Taxwerth der Güter dem wirklichen zeitigen Werth näher bringen und gleichzeitig jene unlängst erhöhte Beleihungsquote beibehalten, so könnte das wohl bedenklich erscheinen für den Ruf der Sicherheit und der Solidität der Landschaft und den Cours der Pfandbriefe. Dieser Ruf muß aufs Peinlichste gewahrt bleiben. Eine solche Zumuthung können wir also der Landschaft nicht stellen. Aber es ist auch in der That die Höhe der Beleihung der einzelnen Güter kein Hauptmoment, welches den Grad der Wirksamkeit eines solchen Institutes wesentlich bedingt.

Um nun auf einen anderen, tieferliegenden Umstand zu gelangen, welcher in Bedingung der Wirksamkeit eines Hypotheken-Kredit-Institutes ungleich wesentlicher ist, will ich von einem einzelnen Fall, von der Beleihung eines Gutes durch die Landschaft ausgehen und mich durch die Folgen und Wirkungen dieses Geschäfts durchdenken. Ich nehme an, die Landschaft beleihe ein Gut oder einen Gütercomplex mit 100,000 Thlr. Der Besitzer empfängt 100,000 Thlr. in Pfandbriefen und zahlt seine bisherigen Hypothekengläubiger damit aus. Nehmen wir an, diese acceptiren die Zahlung in Pfandbriefen nach dem Course, so befinden sich jetzt in deren Händen statt 100,000 Thlr. in Hypothekendocumenten 100,000 Thlr. Pfandbriefe — abgesehen von der Coursdifferenz. Erhielten die jetzigen Inhaber der Pfandbriefe früher einen höheren Zinsfuß für ihr Kapital, als ihnen jetzt die Pfandbriefe einbringen, so werden dieselben, zum Theil wenigstens, mit ihren Pfandbriefen eine andere Hypothek zu beleihen suchen, um sich wieder in Genuß eines höheren Zinsfußes zu bringen. Die Kapitalisten sind also durch den von der Landschaft vermittelten Umtausch ihrer Hypothekendocumente in Pfandbriefe nicht nur in Stand gesetzt, sondern zum Theil veranlaßt, Kreditgeschäfte bis zur Höhe von 100,000 Thlr. zu machen, welche dieselben sonst nicht hätten machen können. Es war unmöglich, weil die Privathypotheken keine Zahlungsmittel sind. Also die Landschaft giebt der Privathypothek die Eigenschaft eines Zahlungsmittels und die Bepfandbriefung eines Gutes bringt in die Volkswirthschaft **flüssiges Kapital**. Der Eigenthümer nutzt es durch den Zinsengenuß, kann es aber jederzeit nach Bedürfniß zu allerlei Geschäften brauchen, oder mit Hülfe des Kredits für einen Anderen nutzbar werden lassen.

Ich gehe weiter und nehme den Fall an, die Landschaft bepfandbrieft auf einmal eine Menge Güter und bringt einen Betrag von 10 Millionen Pfandbriefen in den Verkehr. Es geschieht in derselben Weise als bei dem einzelnen Gut. Die bisherigen Inhaber der Hypothekendocumente im Betrage von 10 Millionen

Thaler sind jetzt Inhaber von Pfandbriefen in gleichem Betrage. Der Volkswirthschaft sind durch diese Action 10 Millionen Thaler flüssiges Kapital gegeben, und mit demselben gleichzeitig auch der Sporn diese Eigenschaft zu benutzen. Die Kapitalisten, die Inhaber der neuen Pfandbriefe, werden sich zum Theil selbst auf Unternehmungen einlassen, bauen, melioriren ꝛc., oder sie werden anderes Grundkapital, das selbst nicht beypfandbriefungsfähig ist, beleihen, sie werden ihr flüssiges Kapital dem Kredit dienstbar machen. Es wird Kapital genug sein, und der Kreditwürdige wird nicht über Mangel an Kredit zu klagen haben.

Der Kredit kann nicht zur Erscheinung kommen, wenn es an flüssigem Kapital fehlt; und umgekehrt, **der Kredit ist im Gefolge des flüssigen Kapitals.**

Kapital ist viel in der Volkswirthschaft, fast unendlich viel; aber flüssig ist es nicht. Es giebt jedoch eine enorme Masse solchen Kapitals in unserer Volkswirthschaft, welches geeignet ist zu flüssigem Kapital gemacht zu werden, und das ist vor Allem der Grund und Boden.

Was hat in jenen beiden Fällen die Landschaft geleistet? Dieselbe hat den Gutsbesitzern einmal 100,000 Thlr. und im zweiten Falle 10 Millionen Thaler ihres festen Grundkapitals flüssig gemacht, und dieselben dadurch in Stand gesetzt, ihre bisherigen Hypothekengläubiger auszuzahlen; das ist die unmittelbare Leistung der Landschaft. Damit in unzertrennbarem Zusammenhange steht aber die mittelbare. Das flüssig gemachte Grundkapital wird zum Theil dem Kredit dienstbar und kommt in den Verkehr, und befriedigt das berechtigte Kapitalbedürfniß der Volkswirthschaft. Jene unmittelbare Leistung ist der reglementsmäßige Zweck unserer Ostpreußischen und auch der anderen Landschaften. Der mittelbare Erfolg ist aber ein für die ganze Volkswirthschaft wesentlich bedeutungsvollerer. Es fehlt dem Grundbesitz nicht an

Kapital für die ersten Stellen seiner Hypotheken, sondern es fehlt an Kapital für die höheren Hypothekenstellen und im Personal-Kredit. Die ersten Hypotheken sind unser sicherstes Kapital; die Umgestaltung dieser Hypotheken in Pfandbriefe ist ein so eng bemessener Zweck für eine Landschaft, daß man denselben kaum einen volkswirthschaftlichen nennen kann. Noch weniger ist ein Institut, welches diesen Standpunkt einnimmt, berechtigt sich ein Kredit-Institut zu nennen. Die ersten Hypotheken sind ja das aller Zeit sicherste Kapital! Was haben diese mit dem Kredit zu thun?! Eine Landschaft ist aber ein volkswirthschaftliches Kredit-Institut, wenn dasselbe die mittelbare Leistung zu ihrer Hauptaufgabe macht. Eine zeitgemäße Landschaft muß sich auf einen höheren Standpunkt stellen: mittelst der Bepfandbriefung des Grundbesitzes muß dieselbe dem gesunden Kapital- und Kreditbedürfniß der Volkswirthschaft Befriedigung verschaffen. Demnach ist die **volkswirthschaftliche** Aufgabe eines landschaftlichen Kredit-Instituts dahin zu präcisiren: Die Landschaft hat durch **die freie Mobilisirung des Grundkapitals die Befriedigung jedes berechtigten Kapital- und Kreditbedürfnisses** in der Volkswirthschaft zu vermitteln.

Ist es nun nicht die unmittelbare, sondern die mittelbare Leistung, wodurch die Landschaft ihre Aufgabe zu erfüllen hat, so kann diese einem gesteigerten Kapital- und Kreditbedürfniß gegenüber nicht so sehr durch die erhöhte Bepfandbriefung des einzelnen Gutes als vielmehr durch die **Ausdehnung derselben auf bisher noch nicht bepfandbriefte Güter** erfüllt werden. Es handelt sich um Vermehrung des flüssigen Kapitals in der Volkswirthschaft, um Vermehrung der Pfandbriefe; es ist dabei gleichgültig, ob eine solche in der einen oder anderen Weise erfolgt. Die engere Fassung des Zweckes der Landschaft führt diese darauf, dem vorhandenen Kapitalbedarf durch Erhöhung der Beleihung des einzelnen Gutes Abhülfe schaffen zu wollen, wie die Ostpreußische Landschaft dieser Intention durch Erhöhung der

Beleihungsquote von $^1/_2$ auf $^2/_3$ Ausdruck gegeben hat. Eine sehr wesentliche Vermehrung der Pfandbriefe und dadurch eine wirksame mittelbare Befriedigung des Kapital- und Kreditbedürfnisses in der Volkswirthschaft kann diese Intention nicht zu Wege bringen. Dagegen ist die Bepfandbriefung bisher noch nicht bepfandbriefter Güter einer außerordentlichen Ausdehnung fähig. Der Reinertrag der Liegenschaften in den Regierungsbezirken Königsberg und Gumbinnen ist für die Grundsteuerregulirung auf 8,634,813 Thlr. ermittelt. Abstrahiren wir von dem landschaftlich nicht beleihungsfähigen Grundbesitz, so würde sich nach dem neuesten Veranschlagungsmodus der Ostpreußischen Landschaft, welchem gemäß der zwanzigfache Betrag des Reinertrages die höchste Grenze der Beleihung darstellt, der landschaftlich beleihungsfähige Werthbetrag des ostpreußischen ländlichen Grundbesitzes auf mehr als 172 Millionen Thaler berechnen. Von diesem Betrage sind ca. 22 Millionen thatsächlich bepfandbrieft; es bleiben also 150 Millionen gleich sicheren Grundkapitals, welches einer gleichen Mobilisirung fähig ist. Auf diese große Masse des festen Grundkapitals das Augenmerk zu richten, der Bepfandbriefung eine weitere Ausdehnung bei den bisher noch nicht bepfandbrieften Gütern zu geben, darauf führt die Auffassung der volkswirthschaftlichen Aufgabe der Landschaft. In jener großen Masse des festen Grundkapitals hat die Landschaft genug des allersichersten Materials, um der Volkswirthschaft flüssiges Kapital zu verschaffen. Die Landschaft würde auf diesem Wege dem aufs Aeußerste gesteigerten Kapital- und Kreditbedürfniß die Befriedigungsmittel zu liefern im Stande sein, auch ohne die Beleihung des einzelnen Gutes zu erhöhen, ohne sich der Gefahr auszusetzen, durch eine allgemeine Intention in diesem Sinne an ihrem guten Kredit Schaden zu leiden und den Cours ihrer Pfandbriefe zu drücken.

Es wird hieraus erhellen, wie wesentlich für die Landwirthschaft und die ganze Volkswirthschaft es ist, daß die Landschaft ihre Aufgabe weiter stecke und die Mittel zur Erfüllung ihrer

erweiterten Aufgabe danach einrichte. Wenn auch der gegen=
wärtige Zweck unserer Landschaft das Mittel zur Erfüllung derjenigen
Aufgabe ist, welche dieselbe als ein Institut der Volkswirthschaft
für die Zukunft zu der ihrigen machen soll, so bedingt doch der
erweiterte Gesichtskreis sofort ein anderes und zwar ein volkswirth=
schaftlich richtiges Verfahren.

Freie Ausdehnung der Bepfandbriefung auf bisher
noch nicht bepfandbriefte Güter, das ist also das Verfahren,
mittelst dessen die Landschaft ihre bedeutungsvolle volkswirthschaft=
liche Aufgabe in unserer Zeit der Kapital= und Kreditnoth erfüllen soll.
Und was kann die Landschaft zur Ausdehnung der Bepfandbrie=
fung thun? Dieselbe hat ja doch nur eine vermittelnde Rolle!
Dieselbe soll nur die Hindernisse forträumen, welche gegenwärtig
der Ausdehnung der Bepfandbriefung der Güter im Wege stehen,
und übrigens die Mobilisirung des Grundkapitals eine freie Ent=
wickelung nehmen lassen, ohne eine andere Mitwirkung von
ihrer Seite als die rein vermittelnde. In diesem Sinne habe
ich oben die freie Mobilisirung des Grundkapitals als das Mittel
für die Erfüllung der volkswirthschaftlichen Aufgabe der Land=
schaft bezeichnet.

Vermittelt die Landschaft solcher Art die Befriedigung jedes
berechtigten Kapital= und Kreditbedürfnisses, so giebt dieselbe damit
der Volkswirthschaft die Mittel, um den wesentlichsten Factor volks=
wirthschaftlicher Schöpfung, die Arbeit, möglichst auszunutzen zu
können. Der größte Schaden der Volkswirthschaft ist ja
Verlust an dem Kapital der vorhandenen Arbeitskraft;
dieses Kapital geht täglich verloren, so es nicht täglich
in Arbeitsproduct umgesetzt wird. Um die Arbeits=
kräfte der Volkswirthschaft gehörig auszunutzen, dazu
gehört der Kredit und das Vertrauen, wie man zu sagen
pflegt, und zu wirksamem Kredit flüssiges Kapital. Sol=
ches soll die Landschaft der Volkswirthschaft nach Be=
dürfniß schaffen; die Landschaft soll uns alle Zeit die

Mittel bieten die Volkswirthschaft in blühendem Betrieb zu erhalten.

Meine Anforderung an die Landschaft scheint so hoch gestellt, und das Verfahren zur Erfüllung desselben wieder so einfach, daß meine landwirthschaftlichen Geschäftsgenossen wohl mißtrauisch sein werden: das sei grüne Theorie, die Sache müsse doch wohl in Praxi ganz anders sich verhalten.

Was läßt sich gegen meine obigen Deductionen wohl einwenden? Ich habe die einfachsten Verhältnisse zum Beispiel genommen. In der größten Einfachheit der Verhältnisse erkennt man die volkswirthschaftlichen Grundgesetze am besten. An unabänderlichen Naturgesetzen ändert die Mitwirkung von allerlei Nebenumständen nichts. Geben solche einer Sache oft auch eine Erscheinung, in welcher man das einfache Grundgesetz nicht erkennt, es liegt doch darin und kann nie zur Unwahrheit werden. Aber um mich im Interesse der Sache, für welche ich eintrete, vor dem Vorwurf zu schützen, daß ich mir doch die Grundlage meiner sehr bedeutungsvollen Schlüsse zu einfach gewählt habe, will ich noch einmal zurückgehen und den Leser etwas abführen von jenem anscheinend zu bequemen Wege.

II.

Ich habe vorausgesetzt, die Besitzer der Privathypotheken werden die Pfandbriefe zum Course in Zahlung nehmen, und das durch die Pfandbriefe mobilisirte Grundkapital wird dem Kredit dienstbar werden und wird in der Volkswirthschaft gute Früchte tragen. Man wird vielleicht einwenden: die Kapitalisten könnten bei einer Action der Landschaft, welche zum Ersatz des in der Volkswirthschaft fehlenden flüssigen Kapitals 10 Millionen Pfandbriefe in den Verkehr bringen will, die Annahme der Pfandbriefe verweigern; die Pfandbriefe müßten im Course fallen; die Action würde solcher Art ganz unmöglich werden. Man könnte ferner sagen: falls es auch gelänge einen bedeutenden Posten Privathypotheken in Pfandbriefe zu verwandeln, so sei es doch sehr fraglich, ob sich diese jetzt zu einem Kreditgeschäft, zu einer Beleihung ländlicher Hypothek höherer Stelle hinwenden würden; die Kapitalisten könnten ja einfach im Besitz ihrer Pfandbriefe und in dem bescheidenen, aber sicheren Genuß ihrer Pfandbrief-Zinsen bleiben. Oder man könnte im Gegensatz bedenklich sein, daß eine so forcirte Mobilmachung des Grundkapitals zu Unheil führen könnte; dieselbe müsse doch ihre Grenzen haben; welches sind diese Grenzen? und wie sind sie zu ziehen, um jeder Gefahr vorzubeugen? Endlich könnten die Landwirthe fragen: Werden die Kapitalisten das mobilgemachte ländliche Grundkapital, die Pfandbriefe, nicht vielmehr zu industriellen Unternehmungen benutzen, statt es der Landwirthschaft zuzuwenden? Die Landwirthschaft hätte dann zwar flüssiges Kapital geschaffen, aber es käme nicht der Landwirthschaft, nicht dem ländlichen Hypothekenkredit zu gut.

Das Alles sind Einwendungen, welche auf oberflächlicher Anschauung und dem Mangel einer tieferen Einsicht in das Ineinandergreifen der volkswirthschaftlichen Betriebsfactoren beruhen. Derjenige, welchem die volkswirthschaftlichen Grundgesetze so geläufig sind, um dieselben zur Erklärung der Erscheinungen des praktischen Lebens mit Erfolg anwenden zu können, wird nicht lange zweifelhaft und bedenklich sein. Die Naturgesetze brechen sich auch in der Volkswirthschaft immer Bahn, nur langsam nach Maßgabe der Hindernisse, welche denselben im Wege stehen. Das größte solcher Hindernisse ist der Mangel an allgemeiner Kenntniß der volkswirthschaftlichen Grundgesetze. Die Geschichte der Volkswirthschaft giebt uns Thatsachen, welche heutzutage dem gesunden Menschenverstand haarsträubend erscheinen, und auch heute noch besteht Vieles bei uns, was der nächsten Zukunft haarsträubend erscheinen wird.

Indem ich auf jene Bedenken hier eingehe, hoffe ich die

Einsicht in das von mir aufgestellte Grundgesetz von der Nothwendigkeit einer dem volkswirthschaftlichen Kapitalbedarf entsprechenden Mobilisirung des Grundkapitals im Kreise meiner landwirthschaftlichen Geschäftsgenossen zu fördern.

In Wirklichkeit vollzieht sich eine Action, die in jener Weise 10 Millionen flüssiges Kapital der Volkswirthschaft giebt, nur allmälig. Die Pfandbriefe werden ausgegeben, angenommen und kommen in Cours, ohne daß das große Publicum vorher weiß, was sich vollzieht. Die Intention einer ausgedehnten Bepfandbriefung ist nur in beschränkten Kreisen bekannt. Die Direction der Landschaft, eine große Zahl der dabei zunächst interessirten Gutsbesitzer weiß davon, desgleichen alle Männer von Bildung, welche sich für die Volkswirthschaft interessiren; diese werden bemüht sein, für eine richtige und günstige Auffassung zu wirken. Es weiß zwar der große Kapitalist davon, doch er ist nicht mißtrauisch und der Sache abgeneigt, denn er durchschaut die Bedeutung derselben; es weiß auch der Banquier davon — bei diesem setze ich voraus, daß er am ersten zu einer richtigen Beurtheilung gelangt —, das große Publikum und darunter die größte Zahl der kleinen Kapitalisten lernt die Action erst als vollendete Thatsache kennen, und zwar durch ihre heilsame Wirkung. Man klagte vorher über eine entsetzlich fühlbare Kapitalnoth; jetzt macht sich vielfach eine Erleichterung, eine Aufathmung der Bedrängten kund. Man erfährt, daß die ausgedehnte Emission von Pfandbriefen durch die Landschaft dieses zu Wege gebracht hat, und das gefürchtete Mißtrauen im Publikum kommt gar nicht zur Erscheinung; der gleichzeitig sich kundgebende Erfolg wirkt im Gegentheil Vertrauen erweckend. Warum sollte der Kapitalist die Pfandbriefe nicht annehmen, wenn die ausgedehnte Emission auf den Verkehr bemerkbar wohlthuend wirkt?

Aber könnte vielleicht dennoch die bloße Vermehrung, ja Verdoppelung der Pfandbriefe den Cours drücken? Wie berechtigt ist letztere Frage des Kapitalisten, so lange er nicht mit Klarheit das Gegentheil erkennt!

Ich frage: welchen Gang nehmen die neu emittirten Pfandbriefe in der Volkswirthschaft?

Ein Theil wird fest in den Händen derjenigen Kapitalisten bleiben, welche den unzweifelhaft sicheren Besitz und eine mäßige aber sichere Nutzung einem Kreditgeschäfte, einer Beleihung höherer Hypothek gegen höheren Zins vorziehen. Ein anderer Theil wird sich in der Art dem Hypothekenkredit zuwenden, daß er für eine andere Privathypothek eintritt; die Pfandbriefe gehen in die zweite Hand, aus der zweiten in derselben Weise vielleicht in die dritte u. s. w., sie erleichtern den Umsatz der Hypothekenkapitalien, indem dieselben ein von Allen anerkanntes Zahlungsmittel darstellen, welches vorher nicht vorhanden war. Es war vorher dasselbe Kapital vorhanden in Gestalt von Privathypotheken, es fehlte aber Cours habendes Kapital, welches von Jedem angenommen wird, weil es eventuell jeder Zeit und ohne weiteres in baar Geld umgesetzt werden kann. Also ein Theil der neuen Pfandbriefe wird dem Hypothekenkredit dienend den Umsatz von Privathypotheken vermitteln, indem sich immer in der Hand eines Kapitalisten statt der Privathypothek, welche zu einem Kreditgeschäft nicht verwendbar ist, die Pfandbriefe befinden, welche immer zu einem weiteren Kreditgeschäft bereit liegen. Der Bestand des volkswirthschaftlichen Kapitals wird dadurch nicht im mindesten geändert. Es ist aber evident, welche große Wirkung ein verhältnißmäßig unbedeutender Theil des neu mobilisirten Grundkapitals in dieser Function ausüben kann. Ich frage nun, wodurch wird dieser Umsatz von Hypotheken bedingt? Es wird hier und dort ein Kapital auf Privathypothek gekündigt, nur um seine Stelle zu verändern — es giebt ja Gründe viel dazu —; diesen Fall habe ich eben im Auge gehabt. Aber oft wird auch ein Kapital gekündigt, um nicht wieder auf Hypothek angelegt zu werden.

Ein Kapitalist will sein Kapital zu Geld machen; er will eine Unternehmung ausführen und dazu das Geld verwenden. Dann muß ein neues Kapital an Stelle desjenigen treten, welches zu Geld gemacht wird. Ein Besitzer von neuen Pfandbriefen tritt als Kreditor für die gekündigte Hypothek auf — er könnte es nicht, wenn er Privathypothek und nicht Pfandbriefe in Händen hätte —; er zahlt das gekündigte Kapital in Pfandbriefen aus. Diese befinden sich jetzt in den Händen dessen, der sein Kapital klein machen und in einer Unternehmung anlegen will.

Was heißt das nun: ein Kapital in einem Unternehmen anlegen? Ich nehme an, der Unternehmer baut ein Haus: dann muß er Materialien kaufen und Arbeitslöhne bezahlen. Aber auch der Werth der Materialien reducirt sich zum größten Theil wieder auf Arbeitslohn. Das Kapital muß also klein gemacht und zwar in baar Geld verwandelt werden, um es in tausend und mehr Posten in Arbeitslöhnen auszuzahlen.

Also derjenige Theil der Pfandbriefe, welcher in die Hände eines Kapitalisten gelangt, der sein Kapital in einer Unternehmung anlegt, bedingt einen Umsatz in baar Geld. Je mehr solche Kapitalien gekündigt, in Pfandbriefe umgesetzt und zuletzt in baar Geld verwandelt werden, je mehr Unternehmungen ausgeführt werden sollen, desto größer wird das Angebot der neuen Pfandbriefe bei unseren Fondsgeschäften sein. Je mehr die Emission neuer Pfandbriefe das Eintreten neuer Kreditoren in solche Hypotheken, und damit die Ausführung von Unternehmungen begünstigt, desto größer wird die Concurrenz dieser Papiere um baar Geld sein. Kann das aber den Cours der Pfandbriefe wesentlich und namentlich im Verhältniß zu anderen Papieren drücken? Die Pfandbriefe concurriren um das baare Geld mit einer Masse anderer Papiere in wesentlich größeren Beträgen und in einem sehr weiten Verkehrsgebiet. Die Erhöhung des Betrages der zum Angebot gegen baar Geld gelangenden

Pfandbriefe kann bei unveränderter Eigenschaft derselben nur die Wirkung haben, welche ein vermehrter Zudrang aller Papiere nach baar Geld hat; dieselbe kann unter der gedachten Bedingung das Coursverhältniß der Pfandbriefe gegen andere Papiere nicht wesentlich alteriren. Da lese ich eben: „die Bodencreditgesellschaft in St. Petersburg emittirt auf Grund eines Vertrags mit auswärtigen Banquiers gegenwärtig 80 Millionen Rubel in Pfandbriefen; die Emission erweitert sich im Verlauf von 15 Jahren auf 160 Millionen, und im Verlaufe von 30 Jahren auf 320 Millionen." Und wir sollten fürchten, daß unsere Pfandbriefe im Verkehr eine Herabsetzung erfahren könnten, wenn zu den vorhandenen 22 Millionen noch 10 Millionen dazu kämen, und falls das Bedürfniß es erforderte, noch einmal 10 Millionen und noch mehr? Ein großer Theil davon kommt ja gar nicht in den Verkehr; ein großer Theil thut schon in seiner Gestalt als flüssiges Kapital seine große Wirkung; nur ein dritter Theil der ganzen Emission kommt an den Geldmarkt. Nimmermehr ist jene Befürchtung gerechtfertigt; unter der Bedingung, daß die Sicherheit der Pfandbriefe unverändert bleibt, ist es unmöglich, daß dieselben in Folge des größeren Angebotes an dem Kapitalmarkt im Course wesentlich heruntergehen sollten.

Aber dennoch wird der im Cours der Papiere bewanderte Kapitalist oder Geschäftsmann nicht überzeugt sein. Und in der That, der Cours wird nicht stricte durch die Sicherheit und den Zinsfuß bedingt. Es stehen z. B. die ostpreußischen 4½ procentigen Pfandbriefe relativ niedriger im Cours als die 4 procentigen, und diese wieder niedriger als die 3½ procentigen, also die neueren Emissionen immer niedriger. Die Beträge dieser neueren Emissionen sind nicht sehr bedeutend gewesen; sollte danach nicht die Befürchtung begründet erscheinen, daß eine neu beabsichtigte, massenhafte Pfandbrief-Emission den Cours unbedingt noch mehr drücken müsse? Es kann so scheinen, es ist aber dennoch nicht so. Das angeführte thatsächliche Verhältniß beruht auf einer Eigenschaft der Pfandbriefe, welche eine naturgesetzlich unrichtige, eine fehlerhafte ist; und dieser Fehlerhaftigkeit ist dasselbe zuzuschreiben. Ich muß es hier bei dieser Behauptung bewenden lassen, komme aber später wieder darauf zurück.

Aus dem herangezogenen Beispiel der Petersburger Pfandbrief-Emission wird uns klar, wie weither fremdes Grundkapital mit unseren Pfandbriefen um das baare Geld concurrirt. Wenn aus solcher Concurrenz etwa eine allgemeine Steigerung des Zinsfußes die Folge ist, so werden wir mit dadurch betroffen; lassen wir uns also wenigstens nicht die Vortheile entgehen, welche wir uns durch die Mitconcurrenz erwerben können. Je mehr von unseren Pfandbriefen an den Geldmarkt kommen, desto mehr nimmt unser Ostpreußen eben dadurch Theil an dem großen Baarfonds des volkswirthschaftlichen Gebiets, in welchem unsere Pfandbriefe mit anderen Werthpapieren concurriren. Je mehr wir dem gesunden volkswirthschaftlichen Kapital- und Geldbedarf Befriedigung verschaffen, um so mehr wird aber unsere Provinz der Segnungen einer lebhaften productiven Arbeit theilhaftig werden.

Der Bauunternehmer, welcher mit Hülfe des mobilisirten Grundkapitals und des Kredits sein früher festes Kapital flüssig gemacht hat, baut ein Haus; er zertheilt sein Kapital und giebt es in kleinen Posten aus; er hat für das Kapital das Haus; die sämmtlichen Lieferanten und Arbeiter haben das Kapital in baarem Gelde. Der Arbeiter muß leben, muß seine Lebensbedürfnisse mit baarem Gelde bezahlen; so vertheilt sich das Kapital weiter in allen Zweigen der Volkswirthschaft, mit welchen die Lieferanten und Bauarbeiter des Hauses nur in der geringsten Verbindung stehen. Der Eine erspart von dem baaren Kapital des Bauunternehmers viel, der Andere wenig, der Dritte gar nichts. Wir nehmen an, daß die Deckungsmittel aller Lebensbedürfnisse der

Bauarbeiter in der eigenen Volkswirthschaft erzeugt werden. Dann bleibt das ganze Kapital in der Volkswirthschaft; nur vertheilt ist es. Alle Arbeiter an dem Bau haben von dem Lohn ihrer Arbeit gelebt, das baare Geld ist der Volkswirthschaft erhalten — aber die Volkswirthschaft ist durch das Unternehmen bereichert um das Haus. Dieses neue volkswirthschaftliche Kapital ist das Nettoproduct der Arbeit, welche geruht hätte, der Arbeitskraft, welche ungenutzt geblieben, für immer verloren gegangen wäre, wenn der Bauunternehmer das Haus nicht gebaut hätte, wenn er sein Kapital nicht hätte flüssig machen können, wenn nicht mittelbar durch die Landschaft ein Theil seines Grundkapitals mobilisirt worden wäre. In der Entfesselung der Arbeit liegt der große volkswirthschaftliche Vortheil von einer dem Bedarf entsprechenden Ausdehnung der Bepfandbriefung der Güter; derselbe drückt sich ganz besonders in dem vermehrten bleibenden Arbeitsproducte aus. Es ist also nicht zweifelhaft, daß unsere Volkswirthschaft durch eine verstärkte Concurrenz unserer Pfandbriefe auf dem Geldmarkt unbeschadet deren Coursverhältnisses in erheblichen relativen und absoluten Vortheil kommt.

Welches sind die Grenzen jener heilsamen Befruchtung der Volkswirthschaft durch das Geld und durch flüssiges Kapital? Soll die Geldeinfuhr eine dauernde sein, soll eine fortlaufende Kapitalausfuhr nothwendig sein, um die Volkswirthschaft in blühendem Zustand zu erhalten? Welche Umstände können den Bedarf nach neuem flüssigen Kapital und nach neuer Geldzufuhr bedingen?

Nehmen wir eine Volkswirthschaft an, in welcher man über allgemeinen Kapital- und Kreditmangel klagt; es fehlt an Unternehmungen, es fehlt überall an Arbeit. Ich frage nicht nach den Ursachen. Nun wird ein größerer Posten Grundkapital mobilisirt; die Pfandbriefe werden dem Kredit dienstbar und kommen zuletzt an den Unternehmer und von diesem durch den Banquier an den Geldmarkt. Es wird soviel Geld eingeführt, als die Volkswirthschaft jetzt in dem regeren Verkehr bedarf. Ich nehme weiter an: die Volkswirthschaft geht jetzt wie eine rentable Privatwirthschaft. Dann sammelt sich alles Geld immer wieder an. Ich habe bei dem Beispiel der Bauunternehmung ausgeführt, daß das baare Kapital, das Geld, unter der Bedingung, daß alle Gegenstände des Verbrauches in der eigenen Volkswirthschaft producirt werden, der Volkswirthschaft erhalten bleibt; es ist nur vertheilt. Von mehreren Geschäften sammelt sich an einzelnen Stellen das baare Kapital wieder, nämlich in allen einzelnen Privatwirthschaften, welche mit einem Nettoertrag arbeiten. Es bleibt von jedem Geschäft etwas, von der Summe mehrerer ein baares Kapital. Wie bei dem Bau des Hauses ist es auch mit jeder Arbeit für die Artikel des Verbrauchs. Das Geld vermittelt den Umsatz des Arbeitsprodukts von dem Erzeuger an den Consumenten. Dieser verbraucht, was jener geschaffen hat, aber das Geld bleibt der Volkswirthschaft erhalten. Derart also sammelt sich in einer gedeihenden Volkswirthschaft das einmal vorhandene Geld immer wieder an, während durch die größtmögliche Anspannung der Arbeitskraft das bleibende, feste Kapital der Volkswirthschaft vermehrt und der Lebensgenuß aller Arbeiter gleichzeitig erhöht wird. Die Volkswirthschaft braucht in solchem Falle keine weitere Zufuhr von Geld mehr. So oft sich das Geld im Verkehr zu Kapital gesammelt hat, dient es wieder zum Umsatz gegen zinstragendes Papier oder direct gegen festes Kapital und wird wieder zum Mittel für neue Unternehmung, für neue Anstrengung der Arbeitskraft, für fortgesetzte rege volkswirthschaftliche Entwickelung.

Das ist ein Bild von der Einwirkung der Mobilisirung des Grundkapitals in einem sonst gesunden, auf richtigem wirthschaftlichem Wege sich befindenden volkswirthschaftlichen Kreise. Es sind zwar nur wenige Züge, aber ich hoffe, der Leser wird nicht mehr zweifeln, daß diese Hauptzüge richtig sind.

Wenn aber doch das einmal vorhandene Geld und flüssige Kapital immer wieder verschwindet, was kann das für Gründe haben und was muß da geschehen?

Ich nehme einen einzelnen Fall: der Schein ist ein anderer, trotz der einmaligen hinlänglichen Versorgung mit flüssigem Kapital und Geld fehlt es der Volkswirthschaft immer wieder an Kapital und Geld, und man klagt über Kreditmangel und dennoch beruhen diese Erscheinungen auf Umständen, welche für einen Segen des Landes betrachtet werden müssen.

Denken wir uns eine durch Intelligenz und Betriebsamkeit einen ungestümen Anlauf nehmende volkswirthschaftliche Entwickelung, in einem Kreise, in welchem es noch sehr an allen Kapitalanlagen in Landwirthschaft und Gewerben fehlt. Erzeugung bleibenden Kapitals durch Meliorationen, Bauten, Maschinenaufstellungen, Ansammlung von allerlei werthvollen Betriebsbeständen, nehmen die ganze Arbeitskraft voll in Anspruch. Bei der massenhaften Erzeugung bleibenden Kapitals aber, und bei dem verhältnißmäßig großen Theil der darauf zu verwendenden Arbeitskraft kann die einzelne Volkswirthschaft nicht Alles selbst hervorbringen, was zur Deckung der Bedürfnisse jener für die Erzeugung des bleibenden Kapitals arbeitenden Menschen gehört. Ein Theil dieser Deckungsmittel muß eingeführt werden. Die Einfuhr übersteigt die Ausfuhr und das Geld verschwindet. Dennoch ist die Volkswirthschaft eine höchst productive. Weil dieselbe aber die Hülfe des Auslandes braucht, um in so schnellem Anlauf das fehlende Wirthschaftsmaterial zu erzeugen, so ist dieselbe angewiesen, einen der Geldausfuhr äquivalenten Theil ihres Kapitals an das Ausland abzugeben. Die Volkswirthschaft bereichert sich durch ihre Meliorationen, Bauten, Maschinen und das viele kostspielige Betriebsmaterial in Geräthen und Inventar mit Hülfe des Auslandes, und bezahlt diese Hülfe mit einem Theil ihres Grundkapitals, mit ihren ersten und besten Hypotheken, d. h. mit ihren

Pfandbriefen. Ich habe hierbei zunächst nur die Volkswirthschaft in unserem engeren Gebiete, in Ostpreußen, im Auge und denke bei Ausland zunächst nur an andere Theile des weiten volks=wirthschaftlichen Gebietes, in welchem unsere Pfandbriefe gekauft werden oder leicht gekauft werden können.

Es wäre also in diesem Falle geboten, Pfandbriefe nach Bedarf zu schaffen. Andernfalls würde alsbald das Geld fehlen und das flüssige Kapital und der Kre=dit — und die Volkswirthschaft würde im gesündesten und gedeihlichsten Zustande in ein Stocken gerathen, welches das Vertrauen erschüttert und alle Theile mit Furcht und Besorgniß erfüllt, während thatsächlich nicht der mindeste Grund dazu vorhanden wäre.

Leider, daß die große Volkswirthschaft keine Buchführung hat, wie der gute Privatwirth. Diesem werden seine Bücher nachweisen, wo sein Kapital angelegt ist, wenn er sich selbst wun=dert, wo all der baare Zuschuß bleibt. Dieser wird nicht ängst=lich sein, wenn seine Bücher trotz des entgegengesetzten Scheines eine günstige Bilanz ergeben, ein neues Darlehn aufzunehmen und rüstig fortzuwirthschaften.

Aehnlich in der Volkswirthschaft. Jeder Einzelne hat seiner selbst wegen das größte Interesse, das ihm durch den Kredit zur Disposition gestellte Kapital nutzbringend anzulegen. Das In=teresse Aller zusammen bedingt die natürliche Intention einer nütz=lichen Anlage des mobilgemachten Kapitals in der Volkswirthschaft. Die Zweckmäßigkeit der Kapitalanlage wird in der Volkswirthschaft regulirt durch den Kredit, welcher zwi=schen das Kapital und die Arbeit tritt. Der Banquier unterrichtet sich von dem Stande seiner Geschäftsfreunde; der Hypotheken=kapitalist hat die Landwirthschaft und den Miethszins der städ=tischen Grundstücke wohl im Auge. Der Banquier bricht seine Geschäfte ab mit einem Hause, das nicht vorwärts sondern rück=wärts kommt; der Hypothekenkapitalist bietet seinen Kredit nicht zur Unterstützung eines Unternehmens, dessen Rentabilität ihm zweifelhaft erscheint. Das ist die natürliche und heilsame Beschränkung aller Unternehmungen durch den Kredit. Hat die Volkswirthschaft also auch keine Buchführung — denn leider können wir unserer Verkehrstatistik diese Bezeichnung nicht im entferntesten beilegen —, so ist es schon genug, wenn das Bedürfniß nach flüssigem, den Kredit belebendem Kapital vorhanden ist; wir können ganz unbekümmert sein darum, wie und wo das Kapital seine Anlage erhält. Das ist Sache der Unternehmer und der Kreditgeber. Diese haben gewissermaßen die Bücher der Volkswirthschaft in der Hand. So lange wir keine Verkehrstatistik haben, welche für eine Buchführung der Volkswirthschaft gelten kann, müssen wir uns darauf beschränken, den sich laut und unzweifelhaft kundgebenden Forderungen des Verkehrs unbedingt Genüge zu leisten. Eine solche Forderung des Verkehrs ist es, daß es dem Kredit nie an Mitteln fehle, an dem flüssigen Kapital, womit er jederzeit die kreditwürdige Unternehmung unterstützen kann. Es ist ein sicheres Zeichen, daß es in der Volkswirthschaft an der Mobilisirung des Kapitals, kurz gesagt, an Pfandbriefen fehlt, wenn für Unternehmungen von unzweifelhafter Rentabilität scheinbar kein Kredit, in der That aber nicht flüssiges Kapital vorhanden ist.

Ob wir uns hier in Ostpreußen in einer ähnlichen Lage befinden? Was hat unsere Landwirthschaft nicht, etwa seit dem Anfange der fünfziger Jahre an bleibendem Kapital gewonnen? in Ackerkultur, in Gebäuden, in Maschinen und Geräthen, und lebendem Inventarium? Schade, daß sich keine Berechnung davon machen läßt, welche den Anspruch haben könnte, auch nur als eine nahe zutreffende zu gelten; schade, daß eine volkswirthschaftliche Inventur der Art unmöglich ist. Was haben wir ferner gewonnen an den öffentlichen Mitteln des Verkehrs? an Chausseen,

Eisenbahnen, Canälen? Wenn das Alles mehr beträgt, als in diesen Jahren unsere Arbeitskraft neben der Erzeugung aller Gegenstände unserer Consumtion hervorbringen konnte, wenn also die Hülfe des Auslandes dabei mitwirken mußte, und diese mit Geld, resp. mit flüssigem Kapital bezahlt werden mußte, und wenn dieses nicht in demselben Maße vermehrt wurde, ist es dann Wunder, daß es seit vielen Jahren immer an Geld und Kapital, d. h. an flüssigem Kapital und damit auch an wirksamem Kredit fehlte?

Wenn darin zum Theil unser Kapital= und Kreditmangel begründet ist — und das ist nicht zweifelhaft — so dürfen wir uns durch diesen Mangel nicht beunruhigen und in unserem wirthschaftlichen Streben nicht entmuthigen lassen. Aber wir müssen entschieden daran gehen, uns die unerschöpfliche Quelle flüssigen Kapitals zu eröffnen, d. h. uns eine Landschaft zu schaffen, durch welche die Mobilisirung des Grundkapitals frei wird, durch deren Principien und Verwaltung die Möglichkeit gegeben wird, daß die Mobilisirung des Grundkapitals mit der Entfaltung des Bedürfnisses der Volkswirthschaft an flüssigem Kapital gleichen Schritt halten kann.

Ich gehe einen Schritt weiter: Wir befinden uns zeitig wahrscheinlich nicht in der Lage, daß unsere Einfuhr durch die Production bleibenden Kapitals überwogen wird. Wir können uns leider der Zuversicht nicht hingeben, daß unsere wirthschaftliche Bahn nach jeder Seite richtig und damit unsere ganze Volkswirthschaft eine gesunde sei.

Das Ueberwiegen der Einfuhr über die Ausfuhr plus dem Product an bleibendem Kapital kann zeitweise durch unabwendbare Naturereignisse bedingt sein, namentlich in der Landwirthschaft, dem weitaus bedeutendsten aller unserer volkswirthschaftlichen Geschäfte. Das ist in höchstem Maße in diesem Jahr bei uns der Fall. Wie ist dann das nothwendig aus dem Verkehr verschwindende Geld, welches baar für den Ueberschuß der Einfuhr über die Aus=

fuhr aus unserem volkswirthschaftlichen Kreise herausgeht, zu ersetzen? Ersetzt muß das Deficit werden, und wenn erst lange gezögert wird, für diesen Ersatz Rath und Mittel zu schaffen, so ist das für die Volkswirthschaft eben so verkehrt und schädlich, wie es für den einzelnen Privatwirth schädlich ist, wenn er es unterläßt die erste Hypothek seiner Grundstücke zu belasten, während seine Wirthschaft wegen Mangel des nothwendigen Betriebskapitals in's Stocken geräth. Der Ersatz für das volkswirthschaftliche Deficit muß durch Verkauf von flüssigem Kapital, von Pfandbriefen nach auswärts gedeckt werden. Wir bieten den auswärtigen Geldinhabern unsere ersten Hypotefen an — denn die höheren nehmen sie nicht —, und bieten ihnen solche in einer Form an, lautend auf den Inhaber, welche ihnen bequem und annehmbar ist. Also in einer Zeit, in welcher die Umstände eine namhafte Zufuhr von baarem Gelde nothwendig machen, ist es der Volkswirthschaft geboten einen Theil des festen Grundkapitals zu mobilisiren, damit es in dieser Gestalt dem Kredit jedes Einzelnen, von Mißgeschick Getroffenen, sich dienstbar machen und eventuell das ausgehende baare Geld immer wieder zurückführen kann.

Nur durch Arbeit, durch doppelt angestrengte Arbeit kann das Unglück gemildert und der Verlust der Volkswirthschaft zum Theil oder ganz wieder ausgeglichen werden. Kommt aber zu dem Unglück noch das selbst verschuldete Uebel der Arbeitsstockung, weil es jeder Wirthschaft, jeder Unternehmung an Geld und Kapital fehlt, so ist das Maß des Unheils erfüllt. Es gilt dieser Einsicht die allgemeinste Verbreitung zu verschaffen und in solcher Zeit des Mißgeschicks erst recht Geld und Kapital zu schaffen, das Vertrauen zu beleben und die Arbeitskraft anzuspannen.

Eine Ausdehnung der Bepfandbriefung unserer

Güter ist also auch in diesem Falle dringend geboten.

Sollte in der That der eine oder andere Zweig der Volkswirthschaft auf einem unrichtigen Wege sich befinden, auf einem Wege, auf welchem er dauernd mehr consumirt als im Ganzen producirt, so kann eine Erleichterung der Mobilisirung des Grundkapitals den Schaden nicht größer machen.

Gesetzt, unsere Landwirthschaft befände sich in einer solchen unglücklichen Situation, und ein oberflächlich urtheilender Kapitalist könnte befürchten, daß eine Mobilisirung des Grundkapitals der Landwirthschaft nur zum Unheil gereichen könne. Die Zuwendung des Kapitals geschieht durch den Kredit. Ein großer Theil der Kapitalisten sind früher Gutsbesitzer gewesen; dieselben haben zum Theil ihre Güter verkauft, weil ihnen ein Preis geboten wurde, bei welchem sie die so lange erzielte Revenue des Gutes ohne Risico, ohne Plage mit ganzer Sicherheit und Ruhe durch die Zinsen genießen konnten. Diese kennen die Schwierigkeiten unserer Landwirthschaft besser als auswärtige Gutskäufer, welche die Sache in Unkenntniß der hiesigen Verhältnisse oft zu günstig ansehen mögen. Alle diese Kapitalisten werden mit ihrem Kredit an Landwirthe sehr vorsichtig sein. Vielleicht entspringt in der That ein Theil des Kreditmangels in unserer Landwirthschaft diesem Umstand, und ist also ein wirklicher Kreditmangel. Diesem würde — falls seine Ursachen wirklich gegründet — nur abzuhelfen sein durch Einsicht der Landwirthe, Umkehr, Ausgleichung und Wiederherstellung eines sicher productiven, Vertrauen erweckenden Betriebes in der Landwirthschaft. Ein solcher Kreditmangel könnte ein heilsamer sein und die Mobilisirung des Grundkapitals würde ihn unberührt lassen. Letztere würde in dieser Beziehung der Volkswirthschaft eben so sicher keinen Schaden bringen, als durch die Erschwerung der Mobilisirung alle Zweige der Volkswirthschaft mit einem schweren Druck belastet sind, welche productiv arbeiten und jede mögliche Erleichterung und Unterstützung verdienen.

Jenes Bedenken, das mobilisirte Kapital könnte auch dem unberechtigten Kreditbedürfniß dienen, welches ich soeben dadurch zurückzuweisen suchte, daß es Sache des Kapitalisten und des Kredits ist, das mobilisirte Kapital sicher anzulegen, fällt noch entschiedener, wenn ich frage: wodurch wird denn die Mobilisirung des Kapitals zunächst veranlaßt? Die Landschaft kann durch ihre Reform höchstens die Möglichkeit der Mobilisirung erleichtern. Es ist wieder nur der Kredit! Ein Beispiel wird meine Behauptung erläutern. Der Besitzer eines Hypothekendocuments erster Stelle möchte gern seinem befreundeten Nachbar zu einer unzweifelhaft rentirenden Verwendung gegen Eintragung auf eine höhere Stelle der Hypothek von dessen Grundstück ein Kapital von 10,000 Thlr. zur Disposition stellen; er würde aber seinem andern ebenfalls befreundeten Nachbar zu nahe treten, wenn er diesem das Kapital kündigen und ihn — sowie die Sachen jetzt bei uns stehen, — in Verlegenheit, oder doch in Unbequemlichkeit und Kosten bringen würde. Dieses fällt fort, sobald dieser letztere nur Pfandbriefe zu nehmen braucht. Der Kredit auf der einen Seite wird die Veranlassung zur Kündigung und Mobilisirung eines Grundkapitals von 10,000 Thlr. Für einen dritten Nachbar, dessen Wirthschaftsart dem Kapitalisten jenes Vertrauen nicht einflößt, wird er sein Kapital nicht kündigen; dieses wird nicht disponibel gemacht, in Pfandbriefe verwandelt.

Die Mobilisirung des Kapitals regelt sich von selbst durch das Bedürfniß und den entsprechenden Kredit. Das nicht berechtigte Bedürfniß kann die Mobilisirung nicht bewirken, und das schon mobilisirte wird demselben nicht dienen. Das ist die Function des Kredits.

Denkt man bei dieser Befürchtung etwa an die Folgen einer zu starken Banknoten-Emission, an die durch die Banknoten hervorgerufenen großen Verirrungen des Kredits, so entgegne ich, der Vergleich ist nicht zutreffend. Die Banknote kostet die zur Emission berechtigte Bank nichts. In dieser Eigenschaft liegt ein sehr gefährlicher Reiz, die Grenzen der strengen Solidität zu überschreiten und den Geschäften der Bank eine unsolide Ausdehnung zu geben. Anders mit dem mobilisirten Grundkapital, der Kapitalist ist ängstlich besorgt um die Erhaltung seines Kapitals. Der Erwerb ist ihm nicht so leicht gewesen, als der Bank die Anfertigung der Noten auf Grund ihres Privilegiums. Wenn er nun aber in Folge der Mobilisirung sich veranlaßt findet, ein Kreditgeschäft zu machen, so wird ihm doch bei normalen wirthschaftlichen Verhältnissen in der Kreditprämie niemals ein so großer Reiz für Speculation geboten werden, als es bei der Bank durch den Profit der größtmöglichen Notenausgabe der Fall ist. Und wenn die Geschäftswelt gleichwohl nach Bankfreiheit mit unbeschränkter Notenausgabe strebt, dann sollten wir von der freien Mobilisirung des Grundkapitals Gefahr fürchten?

Es kann hiernach in einer **Volkswirthschaft niemals zu viel** mobilisirtes Grundkapital vorhanden sein. Rentirt die ganze Volkswirthschaft so, daß sich dieselbe nicht nur mit bleibendem Kapital bereichert, sondern durch das Uebergewicht ihrer Ausfuhr über die Einfuhr baares Kapital, Geld, einführt, dann wird das baare Kapital nicht mehr gesucht werden, sondern das Kapital wird die Anlage suchen; es wird keine Ausfuhr von mobilisirtem Grundkapital mehr erforderlich sein, es wird einer weiteren Ausdehnung der Bepfandbriefung der Güter im Interesse der Volkswirthschaft nicht mehr bedürfen. Die vorhandenen Pfandbriefe aber werden unter keinen Umständen nachtheilig sein, wenn der Kredit immer und überall auf seiner Hut ist und sich in keine gewagten Speculationen einläßt. Was von dem mobilisirten Grundkapital in dem Verkehr des volkswirthschaftlichen Kreises nicht gebraucht wird, bringt seine Zinsennutzung gleich der festen Hypothek; doch ist es stets bereit, dem Wink der Conjunctur zu folgen und wieder eine Rolle im Dienste des Kredits zu übernehmen.

Die niedrigste Grenze des Zinsfußes, d. h. der reine Zinsfuß desjenigen Kapitals, welches so sicher steht, daß keine Garantie-Prämie dabei in Berechnung kommt, wird bestimmt durch den Kapital- und Geldmarkt der Welt. Der Zinsfuß für Darlehen, bei welchen der Specialcredit eine Rolle spielt, und bei welchen eine Kreditprämie in dem Zinsfuß liegt, dieser hängt ab von dem Kreditbedarf und der Kreditbefriedigung in dem engeren volkswirthschaftlichen Kreise, also von der Unternehmung, von dem Eifer der Arbeit in der Volkswirthschaft einerseits und andererseits von dem Kredit, und mittelbar von den Kreditmitteln, dem flüssigen Kapital. An diesem darf es also in einer Volkswirthschaft nie fehlen, damit der Kredit seine Wirkung entfalten und die Arbeit leisten kann, was derselben zu leisten möglich ist.

Wird dem berechtigten Kredit durch ein naturwidriges Vorenthalten derjenigen volkswirthschaftlichen Einrichtungen, durch welche es möglich wäre festes Kapital jeder Zeit nach Bedarf und Kredit zu mobilisiren, seine Befriedigung erschwert, dann entsteht um das vorhandene beschränkte flüssige Kapital eine Concurrenz. Die Inhaber von flüssigem Kapital steigern ihre Zinsforderungen. Die Unternehmer können es bieten, denn das Geschäft rentirt dennoch. Der gesteigerte Kapitalzins ist dann keine berechtigte Kreditprämie mehr, sondern es ist ein durch unnatürliche volkswirthschaftliche Zustände bedingter Wucherzins. Viele, die den hohen Zinsfuß in ihrer Wirthschaft nicht erschwingen können, müssen mitconcurriren, denn sie haben Kapitalzahlungen zu leisten, und da ist mit dem Gute auch die Ehre der Person verpfändet; für diese wird jener Wucherzins zu einem Nothzins. Das ist ein volkswirthschaftlicher Jammer, die Folge des Mangels an einer allgemeinen richtigen Erkenntniß, welche uns die unfehlbaren Mittel zeigt, dem Jammer ein Ende zu machen. Schaffen wir uns ein Hypotheken=Kredit=Institut, welches die Mobilisirung des Grundkapitals ungehindert nach Maßgabe des Bedarfs und Kredits ermöglicht, und der Wucherzins und der Nothzins, oder der Kapitalverlust, Rabatt, welchen sich schon lange jeder gefallen lassen mußte, welcher das Kapital für eine gekündigte, gute Hypothek nicht verschaffen konnte, der hohe Wechseldiscont, welchen gute Geschäftsleute zahlen mußten, welche durch die Zeitumstände in die Lage kamen, persönlichen Kredit zur Hülfe nehmen zu müssen, — diese werden alsbald verschwinden; das Wuchergeschäft wird ein Ende haben, denn mit den schlechten Elementen, welche dann noch ohne soliden Kredit bleiben, wird es sein Geschäft lohnen.

Durch ein Uebermaß des mobilisirten Kapitals, welches dem Kredit zu dienen bereit liegt, wird die Kreditprämie auf das Minimum heruntergedrückt; der Zinsfuß für die kreditwürdigsten Anlagen wird in Folge der Concurrenz der Kapitalisten dem reinen Zinsfuß sich nähern. Aber es wird auch Kapitalisten geben, welche ein Risico zu übernehmen, und einer gewagten Anlage ihr Kapital zuzuwenden geneigt sind. Die Kreditprämie wird natürlich eine höhere sein müssen und darf unter keinen Umständen durch ein Gesetz begrenzt sein. Der hohe Zins ist ja in diesem Fall kein Wucherzins. Der eigentliche Wucher ist durch die Mobilisirung der Kapitals und durch die Entfesselung des Kredits zur Unmöglichkeit gemacht. Ein Wuchergesetz ist in diesem Falle ebenso unnütz, als der Wucher unmöglich, während es in dem anderen Falle, bei der unnatürlichen Gebundenheit des Kapitals und Unwirksamkeit des Kredits, schädlicher war, als der Wucher selbst. Immerhin kann die Mobilisirung des Grundkapitals durch Ausdehnung der Bepfandbriefung des ländlichen Grundbesitzes als unfehlbares Mittel angesehen werden, allen, namentlich von Seiten der Gutsbesitzer im Gefolge der Aufhebung der Wuchergesetze befürchteten Gefahren für den Grundbesitz vorzubeugen, oder zu beseitigen, wenn dieselben schon vor Anwendung dieses Mittels sich sollten geltend gemacht haben. Also auch von diesem Gesichtspunkte kann die Mobilisirung des Grundkapitals nicht dringend genug empfohlen werden.

Ich habe noch auf die Frage einzugehen, welche ich oben unter den Bedenken gegen die Mobilisirung des Grundkapitals aufgeworfen habe: wird das mobilisirte Grundkapital auch vorzugsweise der Landwirthschaft zu Nutzen kommen? wird es nicht vielleicht mehr der Industrie sich zuwenden? Wer giebt dem Kapital die Verwendung, wer schreibt ihm die Anlage vor? Der Kapitalist ist es, der frei verfügt, und der Kredit ist es, welcher ihn dabei leitet. Der Landwirthschaft wird das Kapital zufließen in dem Maße, als dieselbe den Kredit des Kapitalisten für sich gewinnt, und in der Concurrenz darum der Industrie gleich kommt, oder diese überholt. So lange freilich, als der Landwirthschaft durch die gesetzliche Feststellung des höchsten Hypothekenzinsfußes eine Schranke gezogen war, über welche hinaus dieselbe mit der Industrie nicht concurriren durfte, so lange als noch die Hypothekenbeleihung mit vielen lästigen Formen und Bedingungen verbunden ist und bleibt, darf man sich wohl nicht wundern, wenn das Kapital und der Kredit vorzugsweise da sich hinwenden, wo den Intentionen der Kapitalisten am besten entsprochen wird. Kann die Landwirthschaft um den Zinsfuß unmöglich mit der Industrie concurriren, dann ist das ein unverkennbares Zeichen, daß das in der Landwirthschaft angelegte Kapital zum Theil nicht auf richtigen Wegen ist; die Concurrenz des Kapitals in der Landwirthschaft, die Concurrenz der Landwirthe selbst auf die Güter ist zu groß. Möglich, daß in diesem Umstand der Kern der großen Kapitalnoth in unserer Landwirthschaft liegt, soweit dieselbe wirklich eine durch krankhafte Zustände der Landwirthschaft bedingte ist. Das wäre freilich sehr schlimm, und würde nur damit besser werden können, daß sich die Einsicht davon verbreitete, daß die Arbeit, verbunden mit dem Kapital, wenn auch nur zu einem geringen Theil, allmälig von der Landwirthschaft sich ab- und der Industrie zuwendete, bis wieder ein Gleichgewicht in der Nettoproductivität der Kapitalanlagen in den verschiedenen Zweigen der Volkswirthschaft hergestellt wäre. Eine solche Ausgleichung also würde sich naturgemäß nur auf die Weise vollziehen können, daß sich das Kapital vorerst noch mehr der Industrie zuwendet. Man erwarte oder verlange von der Mobilisirung des Grundkapitals also ja nichts, was den Naturgesetzen der Volkswirthschaft zuwider ist. Das kann man aber bestimmt erwarten, daß, wenn ein größerer Posten des Grundkapitals mobil gemacht und solcher Art flüssiges Kapital geschaffen und dem Kredit Mittel geboten werden, — daß sich dann in der Volkswirthschaft alsbald zu erkennen geben wird, welchen Geschäften der Kredit sich unterstützend zuwendet, welche dieser als gesund und gedeihungsfähig bezeichnet, und welche als ungesund vom Kredit aufgegeben werden. Wenn dann aber noch die Landwirthschaft über Kapitalmangel zu klagen hat, dann hat dieselbe ungesunde Elemente in sich und muß sich dieser entledigen. Nach Vollendung dieses wird ihr Kapital und Kredit gleichmäßig reichlich zu Theil werden, wie jedem anderen guten Geschäft.

Ich verkenne hierbei die große Bedeutung nicht, welche die mancherlei lästigen Formen und Bedingungen der Hypothekenbeleihung zum Schaden des ländlichen Hypotheken-Kredits haben. Der Kampf gegen dieselben ist schon aufgenommen, es werden von allen Seiten Anstrengungen zur Abschüttelung der zeitwidrigen Formen gemacht. Neben der sehr großen Bedeutung dieser Bestrebungen für das ländliche Hypotheken-Kreditbedürfniß in seiner Concurrenz mit dem Kreditbedürfniß der Industrie bleibt doch immer Hauptsache die Beschaffung flüssigen Kapitals, der Mittel des Kredits, ohne welche auch das berechtigtste

Kreditbedürfniß unbefriedigt bleiben muß. Also nochmals **Mobilisirung des Grundkapitals**! Die Vortheile davon werden unendlich sein!

Ich wünsche, daß diese einfachen Auseinandersetzungen, betreffend die Beziehungen von Kapital, Kredit und Geld in der Volkswirthschaft, die Leser aus dem Kreise meiner landwirthschaftlichen Geschäftsgenossen bestimmen könnten, ihr Mißtrauen fallen zu lassen und meiner Theorie von der volkswirthschaftlichen Aufgabe eines landschaftlichen Hypotheken-Kredit-Institutes Beachtung und Eingehen zu schenken, und dieselbe eventuell nutzbar werden zu lassen. Jetzt schwächt der Mangel an Kapital im Verkehr, neben der Unklarheit über die Ursachen und möglichen Folgen, das Vertrauen, der Kredit kann nicht zur Wirkung gelangen und alle gesunden Elemente der Volkswirthschaft sind gelähmt. Die Mobilisirung des Grundkapitals, auf Grund der Erkenntniß des unheimlichen Uebels, wird den Kredit wieder wirksam machen, die gesunden Elemente der Volkswirthschaft wieder beleben und das Geschäftsvertrauen wiederherstellen.

Ich komme zu der Beantwortung meiner zweiten Frage: welche Eigenschaften können eine Landschaft befähigen, ihre volkswirthschaftliche Aufgabe zu erfüllen?

III.

Der reglementsmäßige Zweck der Ostpreußischen Landschaft ist: die Beförderung eines dauernden Kredits des zu ihrem Verbande gehörenden ländlichen Grundbesitzes. Ich habe den Grundbesitz, soweit er bepfandbrieft wird, das allezeit sicherste von dem ganzen festen volkswirthschaftlichen Kapital genannt. Und dieses sicherste Kapital sollte eines Kredits bedürfen? und diesem Kapital Kredit zu verschaffen, das sollte die Aufgabe der Landschaft sein? Unmöglich! Das muß ein Irrthum sein mit dem Kredit. Ich behaupte, der Grund und Boden, soweit derselbe bepfandbrieft wird, braucht keinen Kredit, ebensowenig als Silber und Gold Kredit brauchen. Jedes nicht geprägte Gold und Silber muß im Verkehr gewogen, geprüft werden; das geprägte überhebt uns dieser Prüfung, und darin beruht seine Eigenschaft als Geld. Genau ebenso verhalten sich das feste und flüssige Grundkapital: Das feste, die Privathypothek muß geprüft werden, und ist wegen der Schwierigkeit dieser Prüfung im täglichen Verkehr nicht zu brauchen; dagegen stellt der Pfandbrief das gemünzte Grundkapital dar; es coursirt im Verkehr wie das geprägte Gold und Silber. Die Landschaft giebt dem festen Grundkapital die Form des coursfähigen. Also das feste Grundkapital der zu ihrem Verbande gehörenden Besitzer in coursfähiges zu verwandeln, das ist der richtig präcisirte Zweck unserer Ostpreußischen Landschaft. Aber man wird mir entgegnen: die einzelne bepfandbriefungsfähige Privathypothek bedarf allerdings des Kredits; erst die Solidarhaft des landschaftlichen Verbandes verleiht ihr die Eigenschaft, daß sie über die Kreditfrage erhoben ist; der Zweck der Landschaft ist also nicht blos ein formgebender, sondern wesentlich ein Kredit vermittelnder. Ich halte die Solidarhaft vielmehr für eine Garantieform gegenüber den Kapitalisten, daß die Bepfandbriefung des einzelnen Gutes nicht zu hoch erfolgt, also für eine Kreditgarantie der landschaftlichen Verwaltung. Die landschaftliche Werthbemessung des einzelnen Gutes, und die Beleihung erfolgt nach solchen Grundsätzen, daß ein Verlust für den Pfandbriefbesitzer immer nur für den Fall denkbar ist, daß eine sehr starke Entwerthung des ganzen Grund und Bodens erfolgt, und dann sind alle Pfandbriefbesitzer in Gefahr des Verlustes, und die Solidarhaft würde für die Garantie des einzelnen Pfandbriefes werthlos sein. Dieser Fall beruht übrigens auf einer Voraussetzung, welche keine größere Wahrscheinlichkeit für sich hat als die, daß plötzlich so reichliche Gold= und Silberminen entdeckt werden können, daß der Werth beider Metalle dem Werth des Eisens gleich kommt. Ich halte also die erstere Bedeutung der Solidarhaft für unwesentlich. Mag es damit nun so oder so sein, immer ist der Zweck unserer Landschaft für unsere heutige volkswirthschaftliche Erkenntniß zu eng gesteckt. Derselbe ist das Mittel zu der weiteren volkswirthschaftlichen Aufgabe, welche ich in dem Vorhergehenden entwickelt und begründet habe. Mehr als der nächste Zweck der Pfandbrief=Emission ist der mittelbare in's Auge zu fassen: das ist die Wirkung des geschaffenen flüssigen Kapitals auf Kredit und Verkehr, d. h. auf den über die Bepfandbriefung hinausgehenden Hypotheken=Kredit und den Personal=Kredit, und endlich auf die Arbeit. Dieser Wirkung die größtmögliche Ausdehnung zu geben durch eine Pfandbrief=Emission, welche sich durch den Bedarf in der natürlichsten Weise selbst regulirt, das muß unsere Landschaft als ihren höheren Zweck erkennen, und **ihre Prinzipien und Formen danach ändern, um diesem Zweck in vollstem Maße zu entsprechen.**

Dieses ist eine Forderung, welche in erster Linie die Landwirthschaft an ihr altes Kredit=Institut stellen muß, denn dieselbe ist gerade vor allen anderen Geschäften für ihre über der landschaftlichen Beleihungsgrenze liegenden Hypothekenstellen zeitig des Kredits, wie man sagt, ich sage des flüssigen Kapitals — denn ein kreditwürdiges Geschäft findet unter Vorhandensein der Kreditmittel immer seinen Kredit so sehr bedürftig, daß es eine thatsächliche Kapitalnoth ist.

Ganz besonders aber und ganz entschieden müssen alle diejenigen Landwirthe diese Forderung an unsere alte Landschaft stellen, welche durch das alte Privilegium derselben belastet sind, ohne daß dieselben in Folge der unzulänglichen Organisation der Landschaft in Prinzipien und Form auch nur derjenigen Vortheile sich theilhaftig machen konnten, welche die Erfüllung des unmittelbaren Zwecks der Landschaft bietet. Es sind nämlich durch das Privilegium der Landschaft vom Jahre 1788 für die Sicherheit der Pfandbriefe außer dem Vermögen der Landschaft und außer allen Gütern, welche bepfandbrieft sind, auch alle in Ostpreußen liegenden bepfandbriefungsfähigen und nicht bepfandbrieften Güter der Art verhaftet, daß für den Fall eines Bankerottes der Landschaft, für den Fall einer so weit gehenden Entwerthung des Bodens, daß der Werth der bepfandbrieften Güter die Pfandbriefe nicht zu decken vermöchte, die Pfandbriefinhaber auch auf allen nicht bepfandbrieften Gütern eine Priorität vor allen ersten Hypotheken hätten. Dieses Privilegium belastet die Hypotheken aller nicht bepfandbrieften Güter, und es könnte sich diese Belastung in nachtheiliger Weise fühlbar machen, wenn alle durch unsere alte Landschaft in ihren berechtigten Anforderungen nicht befriedigten Landwirthe dazu schreiten wollten, eine neue, ihren Zwecken und dem Bedürfniß der Volkswirthschaft entsprechende Landschaft zu gründen. Ohne Aufhebung des Privilegiums der alten Landschaft würden deren Pfandbriefe in einem Falle wie der obige eine Priorität vor denen der neuen Landschaft behaupten.

Es ist demnach Recht und Pflicht aller so durch das Privilegium der alten Landschaft belasteten Grundbesitzer, die Erfüllung ihrer weiteren Aufgabe zu fordern und die Vollziehung derjenigen Reformen, welche dazu führen können und müssen. Es ist Pflicht der interessirten Landwirthe, nicht nur die Landschaft zu der Reform zu drängen, sondern auch die Königl. Staats-Regierung, ohne deren Zustimmung prinzipielle und wesentliche formelle Umgestaltungen der Landschaft nicht zulässig sind, für die Anerkennung des Bedürfnisses und des Rechtes zu gewinnen. In beiden Richtungen sind entschiedene Schritte zu thun.

Die Reform der Landschaft in den Hauptprinzipien.

Ich habe in den vorhergehenden Abschnitten entwickelt, wie viel und wie wenig ich von der Landschaft verlange, und habe jetzt zu zeigen, in welcher Weise die Landschaft dieses leisten kann.

Ich frage: warum kommt bei der gegenwärtigen Verfassung unserer Landschaft die Bepfandbriefung der Güter nicht in ausgedehnterem Maße zur Anwendung? Worin hat dieses Verhalten der Landwirthe, welche doch nach dem Vorhergehenden ein so großes Interesse an der Mobilmachung eines Theils des großen Grundkapitals haben, seinen Grund? Sollte es der Indifferentismus der Landwirthe sein, von dem man öfter sprechen hört? Ich bin nicht geneigt solchen Indifferentismus anzunehmen bei Dingen, welche ein erhebliches Interesse aller Landwirthe berühren und, ohne den Geldbeutel derselben in Anspruch zu nehmen, vielmehr geeignet sind denselben erhebliche Vortheile zu bieten. Oder sollte der Grund in der Unkenntniß liegen, in welcher man sich in Betreff der bedeutungsvollen mittelbaren Wirksamkeit eines landschaftlichen Hypotheken-Kredit-Institutes befunden hat und noch befindet? Auch das nicht. Das aufgestellte Naturgesetz des Verkehrs würde sich trotz Indifferentismus und Unkenntniß Bahn gebrochen haben, wenn demselben nicht durch bestehende Einrichtungen gewaltsam Schranken gesetzt wären.

Ein Gutsbesitzer, dessen Gut durch die landschaftliche Taxation einen Werth von 30,000 Thlr. ergeben würde, hat ein ihm gekündigtes Hypotheken-Kapital auszuzahlen, welches mit 20,000 Thlr. ausläuft; es seien 4000 Thlr. Derselbe wird heutzutage in Verlegenheit kommen: er wird, wenn ihm nicht persönliche Verhältnisse zu Hülfe kommen, diese 4000 Thlr. heute entweder gar nicht beschaffen können, oder doch nicht ohne wesentlichen Kapitalverlust. Kann derselbe aber von der Landschaft und deren Pfandbriefen Gebrauch machen? Die Landschaft würde das Gut allerdings bis

20,000 Thlr. bepfandbriefen; aber der Besitzer des Gutes würde eventuell nicht 20,000 Thlr. baar erhalten, womit derselbe seine Hypothekengläubiger auszahlen könnte, sondern nur 20,000 Thlr. in Pfandbriefen nach dem Nennwerth. Derselbe würde in günstigstem Falle bei 4½ procentigen Pfandbriefen, welche heute auf 90 stehen, für die nominelle Belastung seiner Hypothek mit 20,000 Thlr. nur 18,000 Thlr. baar erhalten. Es würden ihm solcher Art an den 4000 Thlr., die er eben braucht und anderweitig nicht aufbringen kann, 2000 Thlr. fehlen. Wie soll er sich diese 2000 Thlr. beschaffen? Seine Hypothek ist noch weit über 20,000 Thlr. hinaus belastet. Es ist ihm unmöglich diese 2000 Thlr. aufzubringen, und deshalb unmöglich Pfandbriefe zu nehmen. Darin liegt das wesentlichste Moment, welches der Bepfandbriefung der Güter in dem Maße entgegensteht, daß dieselbe für die Meisten unanwendbar wird.

Bekäme der Besitzer des Gutes durch die Landschaft 20,000 Thlr. baar, dann würde derselbe unzweifelhaft Pfandbriefe nehmen und seine Hypothekengläubiger auszahlen. Dieses würde zur Folge haben, daß die Kapitalisten, welche dadurch in den Besitz der 20,000 Thlr. Pfandbriefe kämen, einem zweiten und dritten und vierten Gutsbesitzer, der in der Lage des ersteren wäre, ein Hypotheken-Darlehn geben könnten, und daß die Kapitalisten diesen jetzt das Hypotheken-Darlehn entgegentragen würden, denn der Gutsbesitzer hätte die Landschaft, welche ihm ohne Umstände jederzeit Pfandbriefe giebt. 4000 Thlr. waren gekündigt; diese würden bezahlt sein, und außerdem wären noch 16,000 Thlr. Pfandbriefe ausgegeben, welche zum Theil dem Kredit dienen und als Kapitalangebot auftreten würden. Durch solches Angebot würde der Zinsfuß aller Privathypotheken in der Höhe landschaftlicher Beleihung jederzeit gedrückt und dem Zinsfuß der Pfandbriefe fast äqual gestellt werden. Die schreckende Verlegenheit einer Kapitalkündigung in jener Klasse von Hypotheken wäre dadurch zur Unmöglichkeit geworden, und das Fallen des Zinsfußes für solche Privathypotheken würde wieder die Rückwirkung üben, daß immer ein Theil der Pfandbriefe in Händen der Kapitalisten bliebe, bereit zu jedem sicheren, besser rentirenden Kreditgeschäft.

Also der Gutsbesitzer muß den vollen Betrag des eingetragenen Hypotheken-Darlehns baar erhalten. Dann werden stets von selbst so viel Pfandbriefe verlangt werden, jederzeit wird so viel flüssiges Kapital in den Verkehr kommen, als das Kapitalbedürfniß und der Kredit erfordern.

Es gilt nun die Hauptsache, die Lösung der praktischen Aufgabe: auf welche Art kann ein Hypotheken-Kredit-Institut, welches Pfandbriefe auf den Inhaber ausstellt und solche dem Darlehnsuchenden Grundbesitzer giebt, es möglich machen, daß diesem der volle baare Kapital-Betrag dafür jederzeit gesichert ist? Die Pfandbriefe müssen die Eigenschaft haben, **daß sie pari stehen**, oder wenig darüber, und daß dieselben diesen Stand unter allen Umständen sicher behaupten. Das scheint ein schwieriges Problem; doch abermals ist nichts einfacher als dieses.

Unsere alten Landschaften, wie auch alle unsere neueren Hypotheken-Kredit-Institute, haben in dieser Beziehung das Gepräge reiner Empirie an sich. Ich will versuchen, diese Empirie mit einer neuen wissenschaftlichen und naturgesetzlichen Praxis in ein helles Licht zu stellen.

Ich gehe von der Privathypothek aus. Ein Kapitalist giebt einem Gutsbesitzer zur ersten Stelle seiner Hypothek 10,000 Thlr. baares Kapital zu 5 Proc. Zinsen unter der Bedingung halbjähriger Kündigung von beiden Seiten. Dem Kapitalisten ist der volle Betrag seines Kapitals in baarer Zahlung dadurch gesichert; er kann nichts von seinem Kapital verlieren — auf Gewinnen geht er nämlich nicht aus. Derselbe bewahrt sich eine genügende freie Disposition über die Nutzung seines Kapitals. Aendern sich zum Beispiel die Umstände und bedingen die Möglichkeit einer höheren

Verzinsung als zu 5 Proc., so kann er den Zinsfuß erhöhen und die Kündbarkeit des Kapitals ist ihm das Mittel dazu. Hat er Veranlassung, das Kapital unbedingt herauszuziehen und demselben eine anderweitige Anlage oder Verwendung zu geben, so kann er unter der durch die Kündigungsfrist gestellten Einschränkung frei über den vollen baaren Betrag seines Kapitals verfügen. Dagegen der Gutsbesitzer muß sich eine etwaige, durch Zeitverhältnisse bedingte Erhöhung des Zinsfußes gefallen lassen, er muß der Kündigung gewärtig sein und das Kapital am Fälligkeitstermin baar auszahlen. Andererseits erhält er das Darlehn im vollen baaren Betrage und kann ebensowenig als der Gläubiger etwas dabei verlieren. Den Zinsfuß kann er, durch die Zeitumstände begünstigt, ebensogut herunterdrücken, als der Kapitalist erhöhen, auch er hat das Mittel der Kündigung dazu. Das Einzige unter Umständen wirklich Schlimme für den Gutsbesitzer bleibt die Kündbarkeit, die Unsicherheit, in welche derselbe dadurch gesetzt ist. Es ist nicht jederzeit, und ohne Zweifel und Umstände möglich, das Kapital von einem zweiten Kapitalisten zu erhalten und an den ersteren auszuzahlen. Es giebt Zeiten von Mangel an Kapital und Kredit — wenn es auch nur ein scheinbarer Mangel ist, indem beide nur der gebundenen Form des ersteren wegen nicht zur Wirkung gelangen können —, in welchen nicht immer ein zweites Kapital bereit liegt, um für ein gekündigtes Hypotheken-Kapital einzutreten, welches der Hypothekenbeleihung entzogen, welches etwa zu einer Unternehmung klein gemacht werden soll, und eventuell ganz oder zum Theil für die Mitwirkung des Auslandes an der Erzeugung unseres bleibenden Kapitals in's Ausland geht. Diese Zeiten sind aber bei uns seit jeher die vorherrschenden gewesen, und das selbst verschuldete Uebel solcher Kapital- und Kreditnoth hat gegenwärtig den äußersten Gipfel erreicht. Unter solchen Umständen hat man immer geglaubt, zur Erhaltung eines dauerhaften Hypotheken-Kredits dem Grundbesitzer vor Allem unkündbare Kapitalien verschaffen zu müssen. Das erschien geboten; und dennoch war es unrichtig, und so unrichtig, daß ich behaupten muß, die Maßregeln zur Beschaffung unkündbarer Kapitalien haben dazu beigetragen, unsere Volkswirthschaft seit jeher in Kapital- und Kreditmangel zu erhalten. Doch diese Maßregel hat wenigstens noch den Schein der Nothwendigkeit für sich. Man hat aber auch geglaubt, dem unkündbaren Hypotheken-Darlehn einen festen und möglichst niedrigen Zinsfuß geben zu können. Daß man dem unkündbaren Hypotheken-Darlehn einen beliebigen festen Zinsfuß geben konnte, das ist richtig; daß aber mit dem festen und niedrigen Zinsfuß eine Verbesserung des Hypotheken-Kredits erzielt werden sollte, ist unrichtig, hat selbst nicht den Schein für sich und beruht auf völliger Verkennung der Gesetze des Verkehrs. Und so ist die an sich fehlerhafte Unkündbarkeit Veranlassung zu einem zweiten, in seinen Folgen gleich großen Fehler geworden. Auf die Unkündbarkeit und den festen Zinsfuß der Pfandbriefe vor Allem kommt die Unwirksamkeit unserer Landschaft bei allem bisherigen Kapital- und Kreditmangel und der gegenwärtigen Kapital- und Kreditnoth in unserem engeren volkswirthschaftlichen Kreise. Dieses System ist unhaltbar und muß einem anderen Platz machen, welches den Regeln des Kapital- und Geldverkehrs und den natürlichen Grundgesetzen der Volkswirthschaft, wie der allgemeinen Richtung des Zeitgeistes entspricht und das Interesse des Kapitalisten und des Hypothekengläubigers gleichmäßig befriedigt.

Fester Zinsfuß und Unkündbarkeit haben die Coursschwankungen zur Folge; und umgekehrt: **fester Kapitalwerth fordert veränderlichen Zinsfuß und Kündbarkeit vom Inhaber.**

Zunächst von dem Zinsfuß. Ich hoffe, es wird nicht den schwersten Kampf kosten, in diesem Stücke mit dem alten System zu brechen. Der feste Zinsfuß bei einem vom Gläubiger nicht

kündbaren, dafür aber auf den Inhaber ausgestellten und so cours=
fähigen Hypothekenpapier bedingt im Wesentlichsten den Durch=
schnittscours und einen Theil der Coursschwankungen desselben.
Ist der zeitgemäße Zinsfuß der sicher angelegten Kapitalien 5
Proc., und die Pfandbriefe werden auf 3½ Proc. ausgestellt, so
kann der Kapitalist für einen solchen Pfandbrief von 100 Thlr.
Nennwerth nur 70 Thlr. zahlen. Dabei bleibt er noch der Chance
eines Kapitalverlustes ausgesetzt. Der Kapitalzins kann dann
gerade eine Intention erhalten zu steigen, und der Cours des
Kapitals fallen, wenn der Kapitalist durch Umstände genöthigt ist,
sein Kapital selbst baar zu verwenden, oder wenn er Veranlassung
hat, mit seinem flüssigen Kapital ein Kreditgeschäft zu machen.
Um den Kapitalverlust zu vermeiden, wird der Kapitalist vielleicht
sein beabsichtigtes Unternehmen unterlassen, er wird das Kreditgeschäft
entweder nicht machen, oder er wird es davon abhängig machen,
daß der Kreditsucher den durch die Coursdifferenz bedingten Ka=
pitalverlust übernimmt. Die gesunde wirthschaftliche Unterneh=
mung wird solcher Art unterdrückt, und im Kreditgeschäft werden
die Coursdifferenzen zu einer Form des Wuchers ausgebeutet,
welche heutzutage sehr üblich ist.

Und fragen wir nun: was nutzt der feste Zinsfuß, und dazu
der niedrige Zinsfuß den Gutsbesitzern? Wenn ein Gutsbesitzer,
welcher eine Privathypothek von 10,000 Thlr. zur ersten Stelle aus=
zuzahlen hat, 3½ procentige Pfandbriefe nehmen wollte, so würde
er für die Belastung seiner Hypothek mit 10,000 Thlr. nur 7000
Thlr. baar erhalten können. Die beabsichtigte Bepfandbriefung
wird ihm dadurch unmöglich. Der nächste Zweck der landschaft=
lichen Beleihung wird in Folge dessen verfehlt und damit ist die
bedeutsame Wirkung derselben als Quelle des volkswirthschaftlichen
Kapital= und Kreditflusses vereitelt. Ich frage nur: was soll es
für einen Sinn haben, wenn der Zinsfuß der guten courshaben=
den Papiere im großen Durchschnitt und im langen Zeitlaufe auf
5 Proc. steht, 3½ oder 4 oder 4½ procentige Pfandbriefe auszu=

geben? Hat der Gutsbesitzer, welchem unter solchen Umständen überhaupt noch die Möglichkeit bleibt Pfandbriefe zu nehmen, den Vortheil eines billigeren Zinsfußes dadurch? Es scheint, denn die 3½procentigen Pfandbriefe stehen für den Gutsbesitzer, welcher die Zinsen zahlt, günstiger als die 4procentigen, und diese wieder günstiger als die 4½procentigen. Doch es ist in der That nur ein Schein, welcher sich alsbald wesentlich verlieren würde, wenn in der That noch 3½procentige Pfandbriefe in wesentlichen Beträgen ausgegeben würden. Es werden fast ausschließlich 4½procentige ausgegeben. Also diese sind es, welche die feste Hand suchen und deren Cours sich vorzüglich nach dem Zinsfuß und dem Geldmarkt regelt. Die 3½procentigen Pfandbriefe sind aus einem besonderen Grunde — wovon später — dennoch gesucht; und weil dieselben weniger angeboten werden, haben sie einen höheren Cours. Jener Schein hat nur in den fehlerhaften Eigenschaften der Pfandbriefe seinen Grund und kommt mit der Aufhebung dieser Eigenschaften in Fortfall.

Wenn somit der feste und niedrig gestellte Zinsfuß der Pfandbriefe keinerlei Vortheile bietet, weder für den Kapitalisten noch für den Gutsbesitzer, wenn im Gegentheil der große volkswirthschaftliche Nachtheil davon nicht zu verkennen ist, welcher darin besteht, daß der Courstand der Pfandbriefe unter pari eine heilsame Mobilisirung des Grundkapitals nach dem gesunden Bedürfniß der Volkswirthschaft im Wege steht, dann ist dieses Prinzip nicht aufrecht zu erhalten. Es muß vielmehr für die Zukunft das Prinzip zur Anwendung kommen: **Der Zinsfuß der Pfandbriefe ist veränderlich; derselbe wird von der Landschaft in halbjährigen Zeiträumen für die Gutsbesitzer und Kapitalisten festgestellt.** Die Landschaft erkennt es für ihre Pflicht und ihr Interesse, den Zinsfuß ihrer Pfandbriefe so zu regeln, daß der Cours derselben stets auf oder nahe über pari steht. Was soll man von der Aufnahme solcher Pfandbriefe im Publikum erwarten? werden dieselben bei gleicher Sicherheit mit unseren alten Pfandbriefen diesen nachgesetzt werden? werden sie nicht im Gegentheil vielmehr vorgezogen werden, und im Verhältniß zu dem Zinsfuß einen für die Gutsbesitzer günstigeren Cours behaupten als die alten? Ich halte das letztere für unzweifelhaft.

Glücklicherweise stehe ich auch mit der Proposition eines variabeln Zinsfußes für die Pfandbriefe nicht vereinzelt da. Die Sache ist nicht mehr neu und hat einen Fürsprecher in einer schwerwiegenden wissenschaftlichen Autorität. Diese ist der Geheimrath Dr. Engel, Director des Königl. Statistischen Bureau's in Berlin. Derselbe stellt in den Motiven und Erläuterungen zu seinem Entwurf des Statuts einer Boden-Kreditbank den Pari-Stand der Pfandbriefe als das Fundament eines ersprießlichen Grundkreditwesens dar, und erkennt die Veränderlichkeit des Zinsfußes für das unfehlbare Mittel, den Unter-Pari-Stand, welcher die Interessen der Gutsbesitzer erheblich verletze, unmöglich zu machen. Engel proponirt, den Pfandbriefen zweierlei Coupons zu geben, einen unveränderlichen und einen veränderlichen, dessen Werth von Zeit zu Zeit bekannt gemacht wird. Auch führt Engel das praktische Beispiel der englischen Schatzkammerscheine für den veränderlichen Zinsfuß an. Diese Schatzkammerscheine courirten im Jahre 1862 im Betrage von über 13 Millionen Pfund Sterling. Die Formel für den beweglichen Zins dieser Scheine lautet wie folgt: „Der Zins dieser Scheine wird halbjährlich bei der Bank von England nach einem Procentsatze bezahlt, wie er von Zeit zu Zeit in der London Gazette durch die Geschäftsführer der Schatzmeister ihrer Majestät bekannt gemacht werden soll."

Die Theilung des Zinsfußes ist eine durch die Unkündbarkeit der Pfandbriefe seitens der Inhaber bedingte Form, welche sich auf die Annahme der Möglichkeit gründet, es könnte eine Landschaft, welche Pfandbriefe mit Coupons ohne vorher bestimmten Werth ausgiebt, plötzlich in bester Form die Zahlung jeden Zinsfußes verweigern und so die Pfandbriefe entwerthen. Der feste

Coupon kann allerdings dem Inhaber die Sicherheit bieten, daß der Pfandbrief nicht ganz entwerthet werden kann. Doch wenn zum Beispiel der feste Coupon auf 4 Proc. ausgestellt ist, während der variable Coupon etwa auf 1 Proc. steht, so könnte eine plötzliche Weigerung der Fortzahlung dieses ganzen Zinsbetrages doch alle Pfandbriefinhaber, um 20 Proc. ihres Kapitals bringen. Diese Form ist also unzulänglich um jedes Mißtrauen des Kapitalisten auszuschließen, wenn dieser nicht nach der ganzen Natur der Sache ein solches Manöver für eine Unmöglichkeit hält.

Es giebt jedoch eine Form, welche den Kapitalisten in allen Fällen für seine Ansprüche sicher stellt. Das ist die Kündbarkeit vom Inhaber zu dem veränderlichen Zinsfuß. Aber um des Himmels Willen! — Kündbarkeit?! Das ist ja das gefürchtete Gespenst, das man unter allen Umständen vermeiden will! Doch nicht so, die Kündbarkeit der Pfandbriefe ist kein Gespenst mehr, von demselben Augenblicke ab nicht mehr, von welchem dieselben einen veränderlichen Zinsfuß haben, und kündbar sind, und in Folge dessen pari stehen. Bei unveränderlichem Zins der Pfandbriefe ist die Unkündbarkeit geboten; die Veränderlichkeit des Zinsfußes macht die Kündbarkeit möglich. Die Pfandbriefe sind zwar kündbar, aber sie werden nicht gekündigt; denn sie stehen ja pari, und die Veränderlichkeit des Zinsfußes hat den Zweck, dieselben auf pari zu halten und die Kündbarkeit selbst giebt die Garantie für die Veränderung und den Paristand. Wird der Kapitalist den Pfandbrief kündigen und sich ein halb Jahr später von der Landschaft den Nominalbetrag auszahlen lassen, wenn er denselben jederzeit etwa zu 100—101 ohne alle Umstände verkaufen kann? Zwar steht auf dem Pfandbrief geschrieben: „Die Ostpreußische Landschaft zahlt dem Inhaber dieses Pfandbriefes ein halb Jahr nach erfolgter Kündigung den vollen Betrag baar aus"; doch darin liegt auch nicht die mindeste Gefahr für die Landschaft und ihre Betheiligten. Es ist unmöglich, daß die Pfandbriefe einzeln oder gar in Masse ge-

kündigt werden, so lange der Cours auf oder über pari
steht. Gleichwohl ist die Kündbarkeit keine leere Form; dieselbe
ist für die Landschaft das Motiv, den Zinsfuß stets so
zu stellen, daß die Pfandbriefe auf die Dauer nicht
unter pari stehen können, sonst würden ja die Pfandbrief-
Inhaber in Masse kündigen und die Landschaft müßte die Pfandbriefe im Betrage des Nennwerths baar auszahlen, also eventuell
die Coursdifferenz verlieren. Die Kündbarkeit enthält für den
Kapitalisten die Garantie, daß die Landschaft ohne Bemühung
des Kapitalisten den Zinsfuß so hoch stellen wird, als die Conjunctur des Kapitalmarktes es bedingt.

Die Kündbarkeit enthält ferner die für den Kapitalisten höchst wichtige Garantie, daß die Landschaft ihre
soliden Grundsätze, welche ein wesentliches Fundament
einer unzweifelhaften Sicherheit sind, auch bewahre,
nachdem dieselbe einen großen Posten Pfandbriefe in
Cours gebracht hat. Ein Beispiel zur Erläuterung: Es ist
noch nicht lange her, als die Ostpreußische Landschaft, von allen
Seiten gedrängt, ihrer Wirksamkeit eine größere Ausdehnung
zu geben, nach dem Mittel griff, bei unverändertem Taxverfahren die Beleihungsquote von $1/2$ bis $2/3$ der Taxe zu erhöhen. Wenn darin — ich will nicht sagen alle Pfandbriefinhaber — wenn nur ein Theil derselben eine Beeinträchtigung
der Sicherheit der Pfandbriefe erkannt hätte, und der Cours derselben dadurch etwa um 5 Proc. für immer herunter gedrückt wäre,
so hätte jene Maßregel, bei welcher die Landschaft die Inhaber
der Pfandbriefe nicht um Erlaubniß gefragt hat, alle Pfandbriefbesitzer mit einem Schlage um 5 Proc. ihres Kapitals beschädigt.
Dabei würde die Landschaft selbst unmittelbar unbeschädigt geblieben sein. Anders bei einer Landschaft nach den Grundzügen,
welche ich hier vertrete. Ein Abweichen der Landschaft von den
soliden Prinzipien des ursprünglichen und bisherigen Geschäftsbetriebes, welches geeignet wäre ein Sinken des Courses der

Pfandbriefe zu bedingen, würde nicht den unschuldigen Theil, sondern den schuldigen treffen. Der Kapitalist ist gesichert durch die Kündbarkeit; er müßte ein halb Jahr nach seiner Kündigung den Nennwerth des Pfandbriefes baar ausgezahlt erhalten. Da die Landschaft das aber im großen Maßstabe nicht kann, oder um es zu vermeiden, den Zinsfuß erhöhen und auf Grund der an den Tag gelegten Unsolidität unverhältnißmäßig erhöhen müßte, so ist es derselben durch die Kündbarkeit vollkommen unmöglich gemacht, von denjenigen Prinzipien, welche der bisherigen Pfandbriefemission zu Grunde lagen, zum Nachtheil der Kapitalisten abzuweichen; sie würde gezwungen sein jede beabsichtigte Aenderung in solchem Sinne wenigstens von der Concession der Kapitalisten abhängig zu machen. Das natürliche Recht der Kapitalisten, welches in einem Falle wie der obige prinzipiell offenbar verletzt ist, würde stets gewahrt bleiben. Dabei verliert aber andrerseits die Landschaft nichts, denn dieselbe muß dadurch an Kredit gewinnen, wenn ihre Prinzipien dem Recht des anderen Theils volle Würdigung zu Theil werden lassen.

Erscheint sonach die Kündbarkeit im gewöhnlichen regulären Gang der Dinge für unverfänglich, so könnte man doch noch die Befürchtung hegen, daß dieselbe in Folge außerordentlicher Ereignisse für die Landschaft gefährlich werden könnte. Auch diese Befürchtung ist ungegründet. Gesetzt, es bricht ein Krieg aus; alle Papiere fallen im Cours, die Pfandbriefe der neuen Landschaft mit. Dann trifft die Conjunctur alle Kapitalisten, welche genöthigt sind sofort von ihrem Kapital Gebrauch zu machen und die Pfandbriefe umzusetzen. Wer ein halb Jahr warten kann, verliert nichts. Denn die Landschaft müßte ja die Pfandbriefe $\frac{1}{2}$ Jahr nach erfolgter Kündigung baar auszahlen. Dennoch aber kündigt der Kapitalist nicht und verlangt nicht ein halb Jahr später baar Geld. Er kann sich das ersparen: denn entweder ist bis zu der Zeit der Krieg vorbei und die Papiere haben wieder den normalen Coursstand erreicht, und die kündbaren Pfandbriefe allen voran, und der Kapitalist hat keine Veranlassung auf die Auszahlung der Pfandbriefe durch die Landschaft zu warten, er kann dieselben jetzt wieder ohne weiteres verkaufen; oder der Krieg und die dadurch bewirkte Conjunctur dauert noch fort: dann ist inzwischen einer der halbjährigen Termine für die Bestimmungen des Zinsfußes gefallen, die Landschaft hat den Zinsfuß erhöht und ihren Pfandbriefen dadurch wieder einen Coursstand auf pari gegeben, wodurch abermals die Kündigung überflüssig gemacht wird. Der Kapitalist könnte sich im Gegentheil durch die Kündigung Schaden thun. Abgesehen davon, daß er wenigstens ein halb Jahr warten müßte, könnte er dadurch genöthigt sein, sich mit der Auszahlung seines Pfandbriefs zum Nennwerth begnügen zu müssen, während die Pfandbriefe zur Zeit der Auszahlung vielleicht über pari im Course stehen.

Derjenige Kapitalist, welcher überhaupt nicht genöthigt ist sein Kapital zu Geld zu machen, kündigt unter keinen Umständen, weil er weiß, daß die Pfandbriefe alsbald wieder auf den Paristand kommen, und daß ihm, falls die Conjunctur länger andauert, ein zeitweilig höherer Zins bezahlt wird.

Und was kostet es denn der Landschaft und den Betheiligten, welche sich solcher Art die Verpflichtung auferlegt haben, den berechtigten Ansprüchen der Kapitalisten jederzeit von selbst zu genügen? Ist die Conjunctur schnell vorübergehend, so daß der normale Coursstand schon vor dem nächsten Termine der Zinsfußbestimmung wiederhergestellt ist, so kostet es den Betheiligten der Landschaft gar nichts. Im anderen Falle kostet es ihnen eine unbeträchtliche Erhöhung des Zinsfußes, so lange bis die Conjunctur vorüber ist. Das ist kein zu theurer Preis für die denselben durch dieses System zu Theil werdenden Vortheile.

Es kann nicht ausbleiben, daß die Vortheile der Kapitalisten bei solchen Pfandbriefen diese zu einem **beliebten Papier** machen müssen. Dieselben werden in nor-

malen Verhältnissen einen günstigen Cours gegen andere Papiere
behaupten, gerade auf Grund des veränderlichen Zinsfußes und
der Kündbarkeit, und werden auch in der ungünstigsten Conjunctur
in der Gunst der Kapitalisten bleiben, deren Ansprüchen dieselben
so volle Rechnung tragen. Diese Pfandbriefe werden un=
zweifelhaft so lange in großem Vortheil stehen gegen
alle andere Papiere, so lange dieselben die einzigen
sind mit veränderlichem Zins und Kündbarkeit. Und
niemals werden alle Papiere, und namentlich Industriepapiere
nicht, diese Eigenschaft erlangen können. Die Sicherheit des
Werthes des Grund und Bodens, so weit derselbe bepfandbrieft
wird, steht über allem Zweifel, denn derselbe wird nur bis zu
einem bestimmten Theil der Taxe beliehen, und wieder die Taxe
erreicht lange nicht den Zeitwerth des Gutes. Anders mit In=
dustriepapieren. Die Actien einer Eisenbahn stellen den ganzen
Kostenwerth einer Eisenbahn dar, und mehr als den wirklichen
reellen Kostenwerth, denn die Speculation der Projectmacher und
Generalunternehmer, welche den Bau in Gang und die Actien
an den Mann bringen, ist auch in der Regel sehr hoch damit be=
zahlt. Wird eine Eisenbahn=Gesellschaft, und wäre dieselbe durch
Staatsgarantie unterstützt, ihre Actien kündbar machen können?
Das würde heißen: Die Gesellschaft glaubt es und muthet es
jedem Anderen zu es zu glauben, daß ihre Eisenbahn für immer,
unter jeder Verwaltung, unter allen Zeitumständen, bei jeder Con=
currenz den Nennwerth ihrer Actien als wirklichen Werth behaupten
müsse. Die Actie hat zwar den veränderlichen Zinsfuß;
die Dividende stellt den veränderlichen Coupon dar;
aber sie hat die Kündbarkeit nicht, welche die Garantie
des Kapitalwerths ausspricht.

Die Garantie, welche der Grund und Boden bie=
tet, kann kein Anlageobject in gleichem Maße bieten.
Es liegt darin eine dringende Aufforderung für die
Landwirthe, sich diese Eigenschaft ihres Pfandes, des

Grund und Bodens, dadurch **nutzbar zu machen**, daß sie dieselbe zur Geltung kommen lassen, um ihren **Pfandbriefen einen Vorzug vor allen anderen Papieren** zu geben, und das kann im höchsten Maße geschehen durch die Kündbarkeit vom Inhaber.

Ich bin hiermit auf einen Punkt von erheblicher Wichtigkeit gekommen, welcher namentlich mit dem Falle des Courses der Papiere in kritischer Zeit in engster Verbindung steht. Ich habe vorher angenommen, daß in solcher Zeit die Erhöhung des Zinsfußes das geeignete Mittel sei den Cours der Pfandbriefe wieder in die Höhe zu bringen. Ist das ganz richtig? Würde die Zinserhöhung auch diese Wirkung unbedingt ausüben können, wenn die Pfandbriefe mit veränderlichem Zinsfuß nicht gleichzeitig kündbar sind? Sind die Erhöhung des Zinsfußes in Folge der Conjunctur des Geldmarktes, und die Erhöhung der Kreditprämie in Folge der Kreditconjunctur die alleinigen Ursachen des Fallens der Kapitalpapiere? Nein. Das Fallen der Papiere in kritischer Zeit wird wesentlich mit **durch die Furcht bewirkt, daß die Papiere fallen könnten;** die Furcht vor Kapitalverlust ist es, welche dabei eine wesentliche Rolle spielt. Ein Papier aber, dessen Werth festgestellt und **durch die Kündbarkeit garantirt ist**, und auf unzweifelhaft sicherer Grundlage beruht, bei welchem ein Kapitalverlust unmöglich ist, das unterliegt jenem wesentlichen Grunde der Coursschwankungen in kritischen Zeiten nicht. Die Kündbarkeit verleiht ihm diesen Vorzug. Die Kündbarkeit ist demnach also nicht blos als ein garantirendes und regulirendes Attribut für den veränderlichen Zinsfuß zu betrachten; **die Kündbarkeit ist an sich ein Hauptmoment, um den Paristand der Pfandbriefe zu erhalten.** Aus diesem Umstande ergiebt sich nun, daß die Unkündbarkeit den Gutsbesitzern schädlich ist, daß sie die Interessen derselben wesentlich verletzt, indem dieselbe vorzugsweise die großen Cours-

Schwankungen bedingt. In Folge des niedrigen Courses in kritischen Zeiten ist es gerade in solchen dem Gutsbesitzer, der Pfandbriefe nehmen will, am allermeisten erschwert. Ist er dennoch in die Nothwendigkeit versetzt, solche zu nehmen, so muß er erheblichen Kapitalverlust erleiden, lediglich in Folge des vermeinten Vortheils der Unkündbarkeit der Pfandbriefe. Die Unkündbarkeit enthält eine durchaus unbegründete Beschränkung der Freiheit des Verkehrs, welche sich in obiger Art zunächst so bei dem Gutsbesitzer selbst rächt. Demnächst leidet aber der ganze Verkehr, die ganze Volkswirthschaft darunter, welche in Mobilisirung des für die Volkswirthschaft erforderlichen flüssigen Kapitals auf die Vermittelung einer Landschaft angewiesen ist, welche durch veraltete und unhaltbare Prinzipien die Befriedigung der natürlichsten Bedürfnisse der Volkswirthschaft erschwert oder unmöglich macht. Ist das Fallen der Course in kritischen Zeiten vorzugsweise Folge von Furcht vor Kapitalverlust, und unterliegen also unsere neuen Pfandbriefe diesem Moment der Coursschwankung nicht, so geht daraus hervor, daß dieselben in kritischen Zeiten das starke Weichen des Courses der anderen Papiere nicht theilen werden, daß die Schwankung sich auf ein Minimum beschränken wird, welches sich bei dauernder Ungunst der Verhältnisse durch eine unwesentliche Zinserhöhung mit sicherem Erfolg paralysiren läßt.

Ich komme hierbei auf den Punkt zurück, bei welchem zu erklären blieb, warum der Cours ein und derselben Art Papiere, aber von verschiedenem Zinsfuß, bei gleicher Sicherheit dennoch nicht in geradem Verhältniß zum Zinsfuß steht. Die $3\frac{1}{2}$procentigen Pfandbriefe zum Beispiel stehen heute auf 77, die $4\frac{1}{2}$ procentigen auf 90, entsprechend dort dem 22fachen, hier dem 20fachen Betrage des Zinsfußes. Bei relativ gleichem Cours müßten die $4\frac{1}{2}$procentigen auf 99 stehen, wenn die $3\frac{1}{2}$procentigen auf 77. Und wie erklärt sich also das auffallende Verhältniß? Der Käufer von Pfandbriefen rechnet einfach so: an den 3½procentigen, welche schon so niedrig stehen, kann ich doch nicht so viel verlieren, als an den 4½procentigen, welche einen wesentlich höheren Stand haben; also kaufe ich lieber 3½procentige, wenn ich auch mein Kapital geringer damit verzinse. Ich fragte den Banquier, der mir diese Belehrung zu Theil werden ließ, ob er eine solche Rechnung nicht für ein ganz unbegründetes Vorurtheil ansehe? Durchaus nicht, lautete die Antwort: jeder Käufer rechnet so, und nicht mit Unrecht; wenn zum Beispiel die Actien der ..... Bahn auf 25 stehen, so kauft man dieselben dennoch, wenn man auch weiß, daß dieselben in den ersten 10 Jahren weder Zinsen noch Dividende bringen werden; man sagt nur: dabei kann ich doch nichts mehr verlieren. Wie also die Furcht vor Kapitalverlust die größten Schwankungen verursacht, so bedingt sogar der Unterschied der Verlustchance den relativ ungleichen Cours gleichartiger Papiere mit verschiedenem Zinsfuß. Die Verlustchance ist bei dem höher verzinslichen größer — nur weil es absolut höher im Course steht — und deshalb kommt es relativ niedriger zu stehen. Ich behauptete oben, jenes meiner dort entwickelten Theorie anscheinend widersprechende Verhältniß beruhe auf einer naturgesetzlich unrichtigen fehlerhaften Eigenschaft der Pfandbriefe. Diese Eigenschaft ist die Unkündbarkeit vom Inhaber. Durch die Unkündbarkeit ist die Möglichkeit des Verlustes gegeben und dadurch die Coursschwankungen mit allen ihren unheilvollen Folgen.

Ich muß jedoch noch berichtigend bemerken, daß allerdings nicht die ganze relative Coursdifferenz im obigen Falle, also nicht die ganzen 9 Procent, auf die Furcht vor größerem Coursverlust bei den 4½procentigen zurückzuführen ist. Es kommt außerdem bei den 3½procentigen und 4½procentigen zur Geltung, daß die 3½procentigen meistens in festen Händen sich befinden, das heißt bei einheimischen und auswärtigen Kapitalisten, welche dieselben nicht dem Kredit dienstbar machen, daß dieselben also im

Verkehr weniger angeboten werden, während dieselben aus obigem Grunde mehr gesucht sind. Die 4½procentigen dagegen werden mehr angeboten.

Ich möchte nichts unerwähnt lassen, was geeignet sein könnte, dem richtigen Verständniß von der naturgesetzlichen Nothwendigkeit der Kündbarkeit der Pfandbriefe vom Inhaber Eingang zu verschaffen. Ich vergleiche die Pfandbriefe mit den Banknoten. Die Banknoten sind wie die Pfandbriefe Papiere auf den Inhaber. Dieselben sind nicht verzinslich, denn sie sind für den täglichen Umsatz bestimmt. Die Sicherheit der Banknoten gründet sich auf den Baarfond der Bank — die Notenausgabe ist gesetzlich auf das Dreifache des Baarfonds beschränkt — und auf die Sicherheit der Geschäfte, welche die Bank macht, namentlich auf die Sicherheit der Wechsel, welche die Bank discontirt. Die Grundlage des Kredits der Bank ist also jedenfalls eine wesentlich schwächere als diejenige, worauf die Landschaft den Kredit des Kapitalisten in Anspruch nimmt. Die Banknoten sind also nicht verzinslich und haben eine weniger gesicherte Grundlage als die Pfandbriefe. Dennoch aber stehen die Banknoten bei uns immer pari, dieselben sind weder kleineren noch größeren Coursschwankungen in kritischen Zeiten ausgesetzt! Wie kommt das? Der Grund ist auf jeder Banknote gedruckt zu lesen. Da steht: „Die Kasse der Bank zahlt dem Einlieferer dieser Banknote ohne Legitimationsprüfung den Nennwerth der Note jeder Zeit baar aus." Die Banknoten sind täglich kündbar und allein diese Kündbarkeit sichert diesen Papieren den Paristand. Der Inhaber ist sicher vor Verlust. Das ist ihm genug. Wird die Kündbarkeit aufgehoben, d. h. durch eine Regierungsmaßregel der Zwangscours eingeführt, so kommen die Banknoten sofort unter pari und sind den größten Coursschwankungen nach Maßgabe der Sicherheit und der Befürchtungen des Publikums ausgesetzt.

Mit diesem Vergleich habe ich aber einen Punkt berührt, der

meinem System leicht schaden könnte. Man wird an eine plötz=
liche massenhafte Einbringung der Banknoten zur Zah=
lung denken, an die in kritischen Zeitläufen daraus den
Banken entstehenden Verlegenheiten, an den Bankerott
der Zettelbanken, wovon uns die Geschichte der Geld= und
Handelskrisen die erschreckendsten Beispiele vorführt. Ich muß
deshalb auf diese Bedenken kurz eingehen.

Die Einlieferung der Banknoten behufs Baarzahlung kann
aus zweierlei Gründen erfolgen: einmal auf Grund des Bedarfs
baarer Zahlmittel für die Lieferungen des Auslandes, oder auf
Grund der Unsicherheit der Bank.

Die Banknoten dienen im Verkehr als Mittel des Umsatzes,
als Ersatzmittel des Geldes. In Folge des Umstandes, daß
wir mit dem Auslande durch den Handel in Geschäftsver=
bindung stehen, daß dieses aber unsere Ersatzmittel des Geldes
nicht annimmt, muß ein Ueberwiegen der Einfuhr über die Aus=
fuhr eine Rimesse von baarem Geld nach dem Ausland zur Folge
haben. Diese Rimesse in baarem Geld bedingt immer eine ver=
hältnißmäßige Einlieferung der Noten Behufs Baarzahlung bei
der Bank. Kommt es plötzlich zur Abrechnung zwischen dem
einen Handelsgebiet und einem anderen, indem der Kredit in's
Schwanken kommt, welcher so lange den ungünstigen Stand des
einen verdeckt hat — gerade so wie es auch bei einem einzelnen
Geschäftsmann zugeht —, und sind bei dieser Abrechnung auf
der einen Seite so große Baarzahlungen zu machen, daß bei der
Bank eine große Zahl Noten eingeliefert werden, so kommt die
Bank leicht in Bedrängniß, denn für jeden Thaler, der eingewechselt
wird, müssen noch zwei andere aus dem Verkehr gezogen werden; der
Geschäftsbetrieb muß beschränkt werden, der Disconto wird erhöht
u. s. w.; wir sind mitten in den Erscheinungen einer Handelskrise.

Anders bei dem kündbaren Pfandbrief. Derselbe hat nicht
die Bestimmung eines Umsatzmittels, und namentlich nicht wie
das Geld die Bestimmung als Umsatzmittel im inneren und inter=

nationalen Handel. Der Pfandbrief ist der Mißlichkeit, welche dem Papiergelde aus dem plötzlichen Hervortreten einer ungünstigen volkswirthschaftlichen Bilanz, zumal bei dem gesetzlich festgestellten Verhältniß von coursirenden Noten zu dem Baarfonds der Bank erwächst, nicht unterworfen. Der Pfandbrief ist vielmehr zinstragendes Kapital, selbst Gegenstand des Kaufes und Umsatzes, so lange bis er die feste Hand gefunden hat, d. h. den Kapitalisten, welcher nur den ruhigen Zinsgenuß neben gesichertem Kapitalwerth sucht. Zwar ist der Pfandbrief geeignet im inneren Verkehr die Rolle eines Zahlmittels zu vertreten; derselbe ist ganz besonders dazu geeignet, in dem großen Umsatz der Hypotheken gegen einander wesentlich zum Ersatz des baaren Geldes zu dienen. Ein Theil des Pfandbrief-Kapitals wird auch, in dieser Weise dem Kredit dienend, dauernd in der Volkswirthschaft eine Function als Umsatzmittel übernehmen. Diese Function wird den projectirten Pfandbriefen in höherem Grade als unseren bisherigen zuertheilt werden, weil dieselben wie das Papiergeld von den Coursschwankungen ganz oder nahezu frei sein werden. Ich lege sogar aus diesem Gesichtspunkte den neuen Pfandbriefen noch eine besondere Bedeutung bei. Dennoch aber bleibt meine Behauptung bestehen, daß die große Masse der Pfandbriefe, gleich der noch vielmal größeren Masse aller Privathypotheken das Grundkapital in den Händen der Kapitalisten darstellend, durch den Verkehr in die feste Hand zu gelangen strebt. Der Pfandbrief ist die geeignetste Form, in welcher das Grundkapital die feste Hand in entfernteren Kreisen eines volkswirthschaftlichen Gebietes und vielleicht sogar im Auslande findet, was die Privathypothek niemals kann. Brauchen wir also das sich ansammelnde baare Kapital aus einem entfernteren Kreise unseres weiteren volkswirthschaftlichen Gebietes, so können wir dasselbe nur gegen unser Grundkapital in der Gestalt des Pfandbriefes eintauschen. Ich zweifle nicht, daß kündbare Pfandbriefe mit spontan veränderlichem Zinsfuße einer auf die allersolidesten Prinzipien basirten Ostpreußischen Landschaft dem Hamburger, Lübecker und Bremer Kapitalisten ein angenehmeres Papier sein würden, als eine Holsteiner oder Mecklenburger Privathypothek mit ihrem bequemen Hypothekschein. Ich habe allerdings zunächst nur für unser Ostpreußen eine Nutzbarmachung der in entfernten Kreisen unseres norddeutschen Bundesgebietes sich ansammelnden baaren Kapitalien im Auge; doch bin ich der Meinung, daß selbst in dem Fall eine Kündigung der Pfandbriefe unmöglich wäre, welche sich mit der Einlieferung der Banknoten Behufs Baarzahlung nach dem Auslande vergleichen ließe, wenn die Pfandbriefe aus unserem weiteren volkswirthschaftlichen Gebiet herausgehen sollten. Die Pfandbriefe können ihrer Natur nach von der gefährlichen Brandung eines Sturmes in der Handelswelt gar nicht oder nur in unschädlicher Weise berührt werden. Auch selbst die ausländische feste Hand wird in solcher Zeit das Papier fest halten, dessen Nennwerth ihm durch den unbezweifelbaren Werth des Grund und Bodens und durch die Kündbarkeit gesichert ist, und das dauernd einen höheren Zins bringt als eine ähnliche inländische Anlage. Ich bin der Meinung, daß die Pfandbriefe einfacher, localisirter, landschaftlicher Verbände, centralisirt in einer ganz Norddeutschland umfassenden General-Landschaft mit gemeinschaftlichen Prinzipien und Formen — daß solche Pfandbriefe mit veränderlichem Zinsfuß und Kündbarkeit das geeignetste Papier sein würden, um an den Hauptbörsen der ausländischen Gebiete, welche dauernd einen niedrigeren Zinsfuß haben als wir, zur Notirung zu gelangen. Dadurch könnte vielleicht unsere ganze weite norddeutsche Volkswirthschaft sich der Segnungen billigerer Kapitalnutzung theilhaftig machen.

Also eine Kündigung der Pfandbriefe in ähnlichem Sinne wie die Einlieferung der Banknoten Behufs Baarzahlung und Rimesse an das Ausland ist niemals zu befürchten.

Ist eine Bank in eine Krisis gekommen in Folge unsoliden Geschäftsbetriebes, in Folge unverantwortlicher Speculation, und laufen die Noten wegen Mangel an Kredit ein und führen zum Bankerott der Bank, so ist das abermals ein Fall, welcher bei den Pfandbriefen unmöglich ist. Dieselben stellen ja das allezeit sicherste Kapital dar, und die Landschaft enthält sich jeder Art Kreditgeschäfte. Dieselbe vermittelt nur formgebend die Mobilisirung des Grundkapitals.

Die Befürchtungen für die vom Inhaber kündbaren Pfandbriefe, welche sich an den Vergleich mit den Banknoten knüpfen könnten, werden dadurch vielleicht mit Erfolg zurückgewiesen sein.

Durch die Kündbarkeit wird der Pfandbrief der Privathypothek ähnlich, welche, wie erwähnt, von vielen Kapitalisten um des sicheren Kapitalwerths jedem courshabenden Papier vorgezogen wird. Derselbe hat aber für den Kapitalisten der Privathypothek voraus die Eigenschaft der leichten Uebertragbarkeit, der spontanen Veränderung des Zinsfußes und des Uebers hobenseins aller möglichen Mühe um Kapital und Zinsen, welche die Landschaft übernimmt. Es kann also nicht ausbleiben, daß alle Kapitalisten, welche des sicheren Kapitalwerthes wegen so lange lieber Privathypothek beliehen als Pfandbriefe kauften, in den neuen Pfandbriefen mit Kündbarkeit und veränderlichem Zinsfuß alle ihre Wünsche in vollkommenster Weise erfüllt finden und sich mit Vorliebe denselben zuwenden werden. Und die Zahl jener Kapitalisten ist groß. Ich weise hierbei darauf hin, daß in mehreren Gegenden Norddeutschlands, welche in Ansehung der Erzeugung flüssigen Kapitals glücklicher sind als unser Ostpreußen, der Zinsfuß für gute Hypotheken niedriger steht als der Zinsfuß guter courshabender Papiere.

Dieser Vergleich führt auf ein Moment, welches sehr geeignet ist alle sich an die Kündbarkeit knüpfenden Befürchtungen für die Landschaft, welche kündbare Pfandbriefe ausgiebt, zu verscheuchen. Gesetzt die Pfandbriefe unserer Ostpreußischen Landschaft wären solche kündbare Papiere, dann wäre doch die Ostpreußische Landschaft bei der Kündigung einzelner Pfandbriefe in normalen Zeitläufen, und in Hinsicht auf die Möglichkeit der Kündigung größerer Beträge in kritischen Zeiten, in keiner schlimmeren Lage als die Gesammtheit aller Gutsbesitzer, welche nur Privatkapital auf ihrer Hypothek haben. Sehr zu bedauern ist es, daß wir eine Statistik des Hypotheken-Kapitals nicht besitzen, wiewohl das schönste Material dazu vorhanden ist, wie für keinen anderen Zweig der Verkehrsstatistik. Ich muß mich demnach für die Summe unserer ländlichen Privathypotheken einer ungefähr gegriffenen Zahl bedienen. Die Summe der Ostpreußischen Pfandbriefe beträgt ca. 22 Millionen. Dagegen ist wohl ohne Zweifel anzunehmen, daß die Summe aller Privathypotheken-Kapitalien, welche den ländlichen Grundbesitz Ostpreußens belasten, die Summe von 150 Millionen übersteigt. Ich habe oben aus den Reinerträgen der Liegenschaften die Summe von 172 Millionen als den landschaftlich beleihungsfähigen Theil des gesammten ländlichen Grundbesitzes in Ostpreußen berechnet. Das angenommene Verhältniß wird also in keinem Falle für meinen Vergleich zu günstig genommen sein. Die 22 Millionen Pfandbriefe sind halbjährlich kündbar, die 150 Millionen Privathypothek gleichfalls. Warum sollten nun in irgend einem Falle mehr Pfandbriefe als Privathypotheken gekündigt werden? Es liegt durchaus kein Grund dazu vor. Aber das Gegentheil hat mehr Wahrscheinlichkeit für sich. Ist die Unsicherheit der Zeit ein Grund dafür, daß der Zinsfuß und namentlich die Kreditprämie in die Höhe geht, so ist anzunehmen, daß — wenn überhaupt — mehr Privathypotheken gekündigt werden als Pfandbriefe. Der Zinsfuß der letzteren wird bei dem nächsten Zinsbestimmungstermin der Conjunctur entsprechend erhöht; das weiß jeder Pfandbriefbesitzer und kann sich darauf verlassen. Dagegen der Besitzer einer Privathypothek sieht sich vielleicht veranlaßt zu kündigen, um eine Erhöhung des Zinsfußes zu erzielen. Wenn von Tausend Privathypotheken nur 10 aus diesem Grunde gekündigt werden, und wenn von diesen 10 Kündigungen zuletzt auch nur eine zur Auszahlung des Kapitals führt, so ist doch die Privathypothek trotz ihres veränderlichen, aber nicht frontan veränderlichen Zinsfußes gegen den Pfandbrief in einem wesentlichen Nachtheil.

Oder sollten sich etwa die Pfandbriefe gerade in Folge ihrer Natur als flüssiges Kapital in solchen Händen befinden, von welchen leichter eine Kündigung erfolgen könnte als von dort, wo die Privathypotheken sich befinden? Ein Theil der Pfandbriefe geht in feste Hände über, d. h. in den Besitz solcher Kapitalisten, welche den Zinsgenuß und die sichere Erhaltung des Kapitals bezwecken und keinerlei Kreditgeschäfte machen. Für diese sind die Pfandbriefe ein wesentlich günstigeres Papier als die Privathypothek, deren gute Eigenschaften jene ja in erhöhtem Maße besitzen; solche werden die Pfandbriefe noch viel weniger kündigen als Privathypothek. Ein Theil der Pfandbriefe befindet sich im Verkehr, d. h. in Händen derjenigen Kapitalisten, welche immer bereit sind ein Geschäft damit zu machen. Ist von dieser Seite etwa ganz besonders Kündigung der Pfandbriefe zu befürchten? Angenommen die Pfandbriefe wären durch die kritische Zeit unter pari gekommen — es wird bei der durch die Kündbarkeit gegebenen Garantie des Kapitals in wesentlich geringerem Grade der Fall sein als bei allen anderen Papieren —, dieselben könnten deshalb augenblicklich ohne Coursverlust nicht verkauft werden. Damit hätten dieselben dann zwar ihren größten Vorzug gegen Privathypothek einstweilen verloren, dieselben ständen nunmehr, abgesehen von ihren sonstigen Vorzügen, der Privathypothek gleich. Der Unternehmer, welcher bereits Pfandbriefe in Händen hat, könnte nun kündigen, weil er den Coursverlust nicht tragen will. Wenn der Unternehmer aber die Pfandbriefe noch nicht in Händen hat, sondern erst seine Privathypothek höherer Stelle an einen Kapitalisten abgeben wollte, der im Besitz von Pfandbriefen ist, so wird jener jetzt, wenn der Pfandbrief der Privathypothek gleich ist, seine Privathypothek direct kündigen, und die Pfandbriefe bleiben ungekündigt in den Händen des Kapitalisten. Es ist also nicht abzusehen, daß von dieser Seite Pfandbriefe mehr als Privathypothek gekündigt werden sollten. Hierbei komme ich darauf zurück, daß ja der Pfandbriefinhaber bei einer zeitweisen Coursschwankung unter pari immer die begründete Aussicht hat, daß noch vor dem Ablauf seiner Kündigungsfrist, daß nach dem nächsten Zinsbestimmungstermin die Pfandbriefe wieder pari stehen werden, trotz der kritischen Zeitverhältnisse. Nun kommt aber noch in Betracht, daß bei den Pfandbriefen, weil dieselben das allezeit sicherste Kapital darstellen, der Kredit keine Rolle spielt. Durch kritische Zeitverhältnisse leidet zunächst immer der Kredit, und das macht sich bei einer großen Zahl von Privathypotheken durch Kündigung bemerkbar. Demnach hat auch namentlich bei Privathypotheken höherer Stelle, bei welchen der Kredit eine wesentliche Rolle spielt, die Beschränkung der Kündigung ihre vollkommenste Begründung. Bei den Pfandbriefen ist jener Einfluß kritischer Verhältnisse nicht denkbar. Die Kündigung der Pfandbriefe wird demnach eine seltenere sein als die Kündigung von Privathypothek. Es wird sich im Gegentheil, wenn die allgemeine Schwankung des Kredits Kapitalkündigung bei Hypotheken höherer Stelle veranlaßt, dieses Kapital einer sichereren Hypothek, und am allersichersten den Pfandbriefen zuwenden.

Wenn also die Gesammtheit der Gutsbesitzer in der kritischen Zeit einer Schuldenlast von 150 Millionen in halbjährlich kündbaren Hypotheken unterworfen sind, und wenn die Volkswirthschaft den in dieser Masse des Hypotheken-Kapitals vorkommenden Kündigungen zu begegnen hat, wird sich dann die zur Landschaft verbundene Zahl von Gutsbesitzern vor den Kündigungen zu fürchten haben, welche in dem verhältnißmäßig geringen Betrage ihrer sichersten, noch durch Gegenseitigkeit verbürgten und bei den Kapitalisten allgemein beliebten Hypotheken vorkommen könnten?!

Nun behaupte ich noch, daß kritische Zeitläufe überhaupt viel weniger auf Kündigung von Hypotheken, namentlich aber von Pfandbrief-Hypotheken einwirken können, als man wohl im Allgemeinen annimmt. In normaler Zeit werden Hypotheken gekündigt, um für Unternehmungen baares Geld disponibel zu machen. Diese Ursache von Hypotheken-Kündigungen wird jetzt wesentlich beschränkt. Es werden mit der Stockung der Geschäfte sogar Baarfonds disponibel, welche vorher dem täglichen Geschäftsverkehr dienten; diese werden sich in kritischer Zeit vorzugsweise den ersten Hypotheken, vor allen den kündbaren Pfandbriefen der Landschaft zuwenden. Hieraus muß ich schließen, daß kritische Zeiten, weit entfernt Kündigungen der Pfandbriefe in Bedenken erregender Weise herbeizuführen, vielmehr geeignet sind, baare Kapitalien für erste Hypotheken und besonders für unsere kündbaaren Pfandbriefe verwendbar zu machen.

Ich bin der Meinung, daß der volkswirthschaftliche Fehler, welcher in der Unkündbarkeit der Pfandbriefe liegt, seinen Ursprung hat in einer allgemein verbreiteten mangelhaften Auffassung des Kapitals. Man denkt bei dem Kapital zu ausschließlich an das baare Kapital. Allerdings handelt es sich meistens unmittelbar um baares Kapital, wenn von Kapitalbedarf, Kapitalmangel und Kapitalgeschäften die Rede ist. Man übersieht aber zu sehr die große Masse des ganzen festen und mobilen volkswirthschaftlichen Kapitals, welches nicht die Eigenschaft des flüssigen hat. All unser Hab und Gut, Alles was einen Tauschwerth hat, ist Kapital. Auch der Grund und Boden mit Allem, was dazu gehört, ist Kapital in unserem Sinne. Ein Theil davon gehört dem Gutsbesitzer, ein anderer dem Kapitalisten und ist demselben hypothekarisch verschrieben. Die Beleihung der Hypothek ist ein Kauf des Gutsantheils, unter der Bedingung des Rückkaufs vom Gutsbesitzer auf die Kündigung des Kapitalisten. Die Kündbarkeit ist die nothwendige Garantieform, weil das Kaufobject des Kapitalisten in den Händen des Gutsbesitzers bleibt. Man fragt sich zu wenig, welche Rolle spielt das flüssige Kapital, welches im Verkehr gemeinhin unter Kapital verstanden wird, gegenüber der ganzen großen Masse des festen Kapitals? Ich habe im II. Abschnitt die Rolle des flüssigen Kapitals und des Geldes gegenüber der Arbeit sehr eingehend behandelt. Mehr vorübergehend ist dort erwähnt, wie ein Theil des mobilisirten Grundkapitals die Vermittelung in der Aenderung des Platzes einzelner Hypotheken-Kapitalien übernimmt. Ich komme hier auf diesen Punkt zurück. Ich frage, wodurch wird alle Kapitalnachfrage bedingt? Im Grunde durch das Uebergewicht des Bedarfs der Volkswirthschaft an dem Product auswärtiger Arbeitskraft über den eigenen Export. Das unter solchen Umständen ausgehende Kapital muß nothwendig ersetzt werden durch neues flüssiges Kapital. Wenn dieses wirklich ersetzt wird, dann kann in der Volkswirthschaft, welche einmal das dem Bedarf entsprechende Quantum flüssigen Kapitals hat, nirgend Kapital fehlen als da, wo der Kredit fehlt. Ein Theil des flüssigen Kapitals dient der Arbeit, ein anderer vermittelt den Umsatz der Privat-Hypothek von einer Stelle zur anderen. Die Verpflichtung des Gutsbesitzers, denjenigen Theil des Gutskapitals, welcher Eigenthum des Kapitalisten ist, auf Kündigung baar auszuzahlen, bedingt die Nothwendigkeit des Vorhandenseins einer gewissen Menge flüssigen Kapitals, resp. Geldes in der Volkswirthschaft. Will ein Kapitalist seinen Gutsantheil ausgezahlt haben, so muß sich ein zweiter Kapitalist finden, welcher den Antheil des Gutskapitals von dem ersten Kapitalisten nimmt, und diesem flüssiges Kapital oder baares Geld, kurz Zahlmittel dafür giebt. Die Kündigung hat einen Tausch der beiden Kapitalisten zur Folge. Ein zu der großen Masse des festen Grundkapitals, der Privat-Hypotheken verhältnißmäßig sehr unbedeutender Theil flüssigen Kapitals genügt, diesen Tausch zu vermitteln. Wird dieses Quantum flüssigen Kapitals in der Volkswirthschaft erhalten, oder was davon ausgeht immer wieder ersetzt, so ist diejenige Privat-Hypothek, welcher der Kredit nicht entzogen wird, unter solchen Umständen nie der Gefahr ausgesetzt, wenn ein Umsatz nothwendig wird, den Kapitalisten nicht zu finden, welcher flüssiges Kapital in Händen hat, um dasselbe gegen festes zu vertauschen. Für die Hypotheken aber, welche einerseits eines Kredits nicht bedürfen und andererseits formell selbst courshabendes Kapital sind, für unsere kündbaren Pfandbriefe also, da ist unter solchen Umständen eine wirkliche Kündigung Behufs Umsatz undenkbar, ebendeshalb undenkbar, weil der Zweck der Kündigung der Privat-Hypothek, die Mobilisirung, bei denselben schon erfüllt ist; sie sind flüssiges Kapital und stehen pari — und letzteres vorzüglich, weil sie kündbar sind. Bei dem Privatkapital kann aber auch der Verlust des Kredits Grund der Kündigung sein. So lange weder die Landschaft durch ihre Verwaltung den Kredit einbüßt, noch die Grundlage der Pfandbriefe entwerthet wird, ist auch aus diesem Gesichtspunkte eine Kündigung der Pfandbriefe unmöglich. Wird die Grundlage der Pfandbriefe aber entwerthet, so bedingt diese Entwerthung allerdings die Kündigung der Pfandbriefe und den Bankerott der Landschaft und der Gutsbesitzer. Aber die Unkündbarkeit der Pfandbriefe würde diesen Bankerott auch nicht aufzuhalten vermögen, denn die Gutsbesitzer würden der Landschaft, und die Landschaft den Kapitalisten keine Zinsen zahlen können. Abgesehen also von diesem Fall ist die Kündigung der Pfandbriefe undenkbar. Selbst die Kündbarkeit der kreditwürdigen Privat-Hypothek kann keine Schwierigkeit bereiten, wenn das verschwindende Kapital immer durch neue Pfandbriefe ersetzt wird. Die ganze **Furcht vor der Kündbarkeit** der Hypotheken-Kapitalien beruht auf einer **fehlerhaften volkswirthschaftlichen Verfassung**, nämlich derjenigen, welche verhindert, daß sich das feste Kapital, welches in so großer Masse vorhanden ist, jederzeit nach dem Bedürfniß der Volks-

wirthschaft flüssig macht, um das nach den wirthschaft=
lichen Zeitumständen unabweisbare Bedürfniß an baa=
rem Kapital zu decken.

Bedingt unsere diesjährige Mißernte einen Verlust von 10
Millionen baaren und flüssigen Kapitals in unserer Volkswirth=
schaft, und es wird nicht durch Mobilisirung anderen festen Grund=
kapitals ersetzt, welches dem Kredit dienstbar wird und zuletzt das
nothwendige baare Geld immer wieder zurück holt, indem es in
anderen von unserer Calamität nicht betroffenen Kreisen unseres
weiteren volkswirthschaftlichen Gebietes die feste Hand findet, welche
unser Grundkapital nimmt und uns das in ihr angesammelte
baare Geld zukommen läßt, wenn eine solche Mobilisirung mit
dem Export unseres Geldes und noch vorhandenen flüssigen
Kapitals nicht gleichen Schritt geht, was hat dieses Mißverhältniß
dann für einen eclatanten Einfluß auf die Kündigung der Hy=
potheken! Ein Kapital wird gekündigt, um nicht wieder auf Hy=
pothek angelegt, sondern um zur Deckung der Ausfälle flüssig ge=
macht zu werden. Der Gutsbesitzer, welchem das Kapital gekün=
digt wird, hat einen Kapitalisten zum Freund; dieser kündigt jetzt
einem zweiten Gutsbesitzer, um sein Kapital dem ersten zu geben.
Der Zweite hat etwa einen Vater, der eine kündbare Hypothek
eines dritten Gutes besitzt. Dieselbe wird gekündigt, weil der
Vater dem Sohne helfen will. Der dritte Gutsbesitzer hat wie=
der etwa einen Bruder, der das Kapital einem vierten Gutsbesitzer
kündigt u. s. w. Angenommen, daß das zuerst gekündigte Ka=
pital innerhalb der Grenze landschaftlicher Beleihungsfähigkeit
stand: könnte der erste Gutsbesitzer Pfandbriefe nehmen, so kämen
diese sofort in die Hand des Kapitalisten, der sein Hypotheken=
Kapital klein machen muß, und würden alsbald gegen baar Geld
nach Auswärts gehen. Inzwischen würde die zweite, dritte und
vierte Kündigung, welche nur eine Umplacirung bezweckten, den
Betheiligten erspart worden sein. Kann jener das aber bei der Ver=
fassung unserer alten Landschaft nicht, so sehen wir aus dem

Bedarf an einem flüssigen Kapital schon vier und noch mehr Kündigungen entspringen, ohne daß damit das flüssige Kapital gefunden ist, welches dem Bedürfniß entspricht, das zu der ersten Kündigung die Veranlassung gab. Wie muß sich die Bedrängniß häufen, welche aus so großem volkswirthschaftlichen Ausfall, aus dem darauf beruhenden großen Bedarf an flüssigem Kapital, aus den unter solchen Umständen und bei der Verfassung unserer Landschaft sich nothwendig vervielfältigenden Kündigungen hervorgehen muß! Nur durch die Mobilisirung des Grundkapitals kann dem Bedürfniß abgeholfen werden. Wird dem Bedürfniß in solcher Weise entsprochen, dann fällt also ein großer Theil der sonst erfolgenden Kündigungen fort, und der Kapitalist, welcher sein Kapital flüssig machen will, findet auf dem kürzesten Wege Befriedigung. Im entgegengesetzten Falle aber vervielfältigen sich die Kündigungen und geben der Kündbarkeit den **Schein** eines großen Uebels. Aber **nicht in der Kündbarkeit** liegt das Uebel, sondern **in dem Mangel der nothwendigen Befriedigungsmittel des berechtigten Bedürfnisses nach flüssigem Kapital.** Weil dieser wieder vor Allem auf die Unkündbarkeit unserer Pfandbriefe zurückzuführen ist, so erscheint diese als die Hauptursache des Uebels, welches dieselbe beseitigen soll. Wird dem berechtigten Kapitalbedarf aber bereitwillig und entgegenkommend genügt, so **verliert alle Furcht vor der Kündbarkeit der Pfandbriefe den Boden.**

Die Kündbarkeit ist von der Landschaft in der besten Meinung für die dem Verbande angehörenden Gutsbesitzer statuirt. Der Zweck unserer Ostpreußischen Landschaft ist ja die Verbesserung und Erhaltung eines dauerhaften Kredits der Ostpreußischen Gutsbesitzer. Was dieser hier gemeinte Kredit zu bedeuten hat, ist im Eingang dieses Abschnittes entwickelt. Die Dauerhaftigkeit bezieht sich aber lediglich darauf, daß die Pfandbriefe unkündbar gemacht werden. Diese Beleihung ist zwar für die Gutsbesitzer eine dauerhafte, aber von sehr zweifelhaftem Werth, wie hinlänglich nachgewiesen ist. Dazu ist aber diese dauerhafte Beleihung durchaus nicht billig; sie kommt den Gutsbesitzern selbst theuer genug, noch theurer aber und unverdienter Weise der ganzen Volkswirthschaft zu stehen. Dem einzelnen Gutsbesitzer entspringt daraus in kritischer Zeit, wenn die Bepfandbriefung eine Nothwendigkeit für ihn wird, ein bedeutender Kapitalverlust, denn der Cours steht niedrig, — und dieses ist Folge der Unkündbarkeit. Einem Anderen gelingt es noch der Bepfandbriefung aus dem Wege zu gehen und den augenblicklich zu großen Coursverlust zu vermeiden; er muß aber Opfer anderer Art bringen, welche heutzutage bei uns auch nicht billig sind. Das sind zwei Fälle unmittelbaren Schadens, der die Folge von der Unkündbarkeit der Pfandbriefe ist. Ein größerer Schaden ist aber der Verlust des Vortheils, den viele Gutsbesitzer durch billigen Zinsfuß, durch sichere und billige Beleihung ihrer Güter in kritischen Zeiten von der Landschaft haben könnten, wenn die Unkündbarkeit der Pfandbriefe solche nicht unmöglich machte. Und die ganze Volkswirthschaft, und dabei wieder die Landwirthschaft mit, hat noch dazu den allergrößten Schaden, den mittelbaren, die Verfehlung der volkswirthschaftlichen Aufgabe der Landschaft in dem von mir entwickelten Sinne.

Die Gutsbesitzer haben hiernach allen Grund der Landschaft für die gut gemeinte, aber nicht richtig angebrachte Unkündbarkeit der Pfandbriefe Behufs Erhaltung eines dauernden Kredits zu danken. Die Gutsbesitzer können zur Förderung des landwirthschaftlichen Kredits, des Hypotheken-Kredits wie des Personal-Kredits, nichts Besseres thun als die Unkündbarkeit der Pfandbriefe ihrer Landschaft abzuschaffen.

Es erscheint mir fast sonderbar, wie dieses System so lange unangefochten sich hat erhalten können, wie noch von keiner Seite, weder von praktischen Geschäftsmännern noch von Nationalökonomen auf die Zweckwidrigkeit und Unhaltbarkeit hingewiesen ist, so daß ich fast selbst mißtrauisch sein könnte gegen mein Prinzip der vollsten Freiheit. Da ermuthigt mich aber wieder der Hinblick auf andere Institutionen unserer alten Landschaft, welche unzweifelhaft selbst dem so eng bemessenen reglementsmäßigen Zweck derselben entschieden zuwider sind, und dennoch unangefochten so lange bestanden haben. Endlich aber bestärkt mich in meiner Anschauung vollends wieder die Erwägung, daß das Prinzip der Freiheit im Verkehr eine so natürliche Berechtigung hat, daß es sich nicht ungestraft unterdrücken läßt.

Die Kündbarkeit wird hiernach als nichts Gefährliches und Schreckendes mehr erscheinen. Man wird dieselbe vielmehr als **wohlthuend** und die **wirklichen Interessen beider Theile vereinigend** anerkennen müssen. Es bleibt nur zu wünschen, daß sich alle bei dieser Frage so sehr interessirten Landwirthe, alle Kapitalisten und Geschäftsmänner auf diesen Standpunkt erheben möchten, um den Pfandbriefen der Zukunft mit veränderlichem Zinsfuß und Kündbarkeit vom Inhaber mit ganzem **Vertrauen** entgegenzutreten und denselben die **verdiente Auszeichnung** zu Theil werden zu lassen.

Es bleibt noch die Frage ausdrücklich zu beantworten: Wenn zwischen Landschaft und Kapitalist beiderseits Kündbarkeit besteht, wie muß es dann zwischen der Landschaft und dem einzelnen Betheiligten gehalten werden? Die Sache ist von keiner erheblichen Bedeutung. Wie die Landschaft keine Veranlassung hat eine Kündigung ihrer Pfandbriefe zu befürchten, wenn dieselbe nicht ihren Kredit verdirbt, wenn dieselbe nicht durch eigenes Verschulden den Cours ihrer Pfandbriefe auf die Dauer unter pari bringt, so hat auch der einzelne Betheiligte von der Landschaft keine Kündigung zu befürchten, wenn er sich seinen guten Kredit erhält. Weil aber doch Fälle nicht zur Unmöglichkeit gehören, in welchen es für die Landschaft ersprießlicher sein müßte einen Betheiligten auszuschließen, so wird auch hier das Prinzip der größten Freiheit, der beiderseitigen Kündbarkeit aufrecht zu erhalten sein.

Ich will noch kurz auf die Kündigungstermine eingehen und auf die Form der Pfandbriefe und Coupons.

Die Kündbarkeit soll eine Garantieform für den unverkürzten Werth der Pfandbriefe sein; dabei soll dieselbe thatsächlich nicht zur Kündigung führen. Demnach wird es im Wesentlichen gleichgültig sein, ob die Kündigung jederzeit erfolgen kann, oder ob dieselbe nur in bestimmten Terminen gestattet ist. Ich möchte der letzteren Art aus dem Grunde den Vorzug geben, weil es für alle wirklich zur Auszahlung kommenden Privathypotheken von höchst wesentlicher Bedeutung ist, daß die Kündigung und Zahlung in bestimmten Terminen erfolgen. Für diese Kapitalien sind sogenannte Umschlagstermine oder Kapitalmärkte, wie solche in manchen Gegenden bestehen, höchst wichtig. Es wird dadurch viel Geld im Umlauf erspart und Sorge und Kosten der Betheiligten. Jene wohlthätigen Einrichtungen können nur zu Stande kommen, wenn allgemein darauf hingearbeitet wird. Die Landschaft würde einer solchen Tendenz im Verkehr mit Privathypotheken förderlich sein, wenn sie sich derselben in Feststellung ihrer Kündigungstermine anschließen wollte, auch ohne ein wesentliches Interesse dabei zu haben. Doch könnte es wohl auch Fälle geben, in welchen die Fixirung der Kündigungstermine der Landschaft und ihren Betheiligten in der That zu Statten kommen könnte. Also halbjährige Kündigung zum 1. Januar und 1. Juli etwa.

Was die Bestimmung des Zinsfußes und die Termine dazu anbetrifft, so würde es dem Interesse beider Theile am besten entsprechen, wenn diese Termine kurz vor den Kündigungsterminen angesetzt würden, und wenn in denselben der Zinsfuß des unmittelbar folgenden Halbjahres zur Festsetzung gelangte.

Demnach würde ein neuer Pfandbrief bei sonst unveränderter, oder wenigstens unwesentlich veränderter Form eines alten statt der auf diesem stehenden Bemerkung: „Dieser Pfandbrief trägt 3½ Proc. Zinsen und kann von dem Inhaber nicht gekündigt werden," eine andere Bemerkung enthalten, welche lauten könnte wie folgt: „Die Zinsen dieses Pfandbriefes werden für jedes halbe Jahr nach dem Zinsfuß berechnet, welcher acht Tage vor dem Beginn des Halbjahres, und zwar vor dem 1. Januar und 1. Juli von der .... Landschaft festgestellt und in diesen 8 Tagen dreimal durch die .... Zeitungen bekannt gemacht wird.

Dieser Pfandbrief kann von beiden Seiten, und zwar nur am 1. Januar und 1. Juli gekündigt werden. Die Kündigung geschieht von Seiten des Inhabers durch die Absendung des zu diesem Pfandbrief gehörenden Kündigungscoupons an die Landschaft, von Seiten der Landschaft durch öffentliches Proklama an den Kündigungsterminen in den für die Bekanntmachung des Zinsfußes bestimmten Zeitungen. Die Zahlung geschieht in jedem Falle der Kündigung ein halb Jahr später bei dem Comtoir der Landschaft nach dem Nennwerth in Pr. Courant."

Zu der Bemerkung auf dem Pfandbriefe betreffend die Coupons wird hinzukommen: „Zu diesem Pfandbriefe gehört ein Kündigungscoupon."

Die Coupons selbst werden etwa lauten: „Gegen Einlieferung dieses Coupons von dem .... Pfandbrief Nr. .... über .... Thlr. werden die halbjährigen Zinsen für das 1. Halbjahr 18... nach Berechnung zu demjenigen Zinsfuß, welcher in den 8 Tagen vor dem 1. Januar 18... dreimal durch die .... Zeitungen bekannt gemacht wird, bei dem Landschafts-Comtoir zu .... bezahlt."

Der Kündigungscoupon könnte lauten: „Hiermit kündigt der Inhaber des .... Pfandbriefes Nr. .... über .... Thlr. diesen der ..... Landschaft und fordert ein halb Jahr nach dem der Einsendung folgenden nächsten Kündigungstermin die Zahlung des Kapitals nach dem Nennwerth in Pr. Courant."

Wenn den hier ausgeführten Prinzipien zufolge

die Pfandbriefe der Landschaft immer auf pari stehen, dann kann der Gutsbesitzer jederzeit seine erste Hypothek ohne Verlust in Pfandbriefe verwandeln lassen. Er erhält den vollen Betrag der Belastung seiner Hypothek in baar. Durch die Reform unserer Landschaft nach diesen Prinzipien würde das wesentlichste Hinderniß beseitigt sein, welches so lange der Entfaltung einer segensreichen Wirksamkeit derselben im Wege gestanden hat. Die Landschaft wird durch Annahme der **Kündbarkeit vom Inhaber** und des veränderlichen Zinsfußes **die Fähigkeit erlangen** ihre **volkswirthschaftliche Aufgabe** zu erfüllen.

Ich wiederhole hier, was nicht zu viel wiederholt werden kann: Die Landschaft hat nicht in einer hohen Beleihung einzelner Güter, sondern bei **peinlichster Sicherstellung ihrer Verbindlichkeit** in der **größtmöglichen Ausdehnung** der Emission ihrer allersichersten Pfandbriefe das Mittel zur Erfüllung ihrer Aufgabe zu erkennen. Das Privatinteresse des einzelnen Gutsbesitzers für eine hohe Beleihung findet mittelbar durch den mit der Pfandbrief-Emission belebten Kredit seine volle Befriedigung. Mit der Landwirthschaft nimmt die ganze Volkswirthschaft an diesem mittelbaren Gewinn Theil.

Jener Satz an die Spitze der Prinzipien einer Landschaft gestellt, welche Pfandbriefe mit veränderlichem Zinsfuß und Kündbarkeit ausgiebt, wird diesen neuen Pfandbriefen bei den Kapitalisten eine vertrauensvolle Aufnahme verschaffen, und der Landschaft den Erfolg in Erfüllung ihrer volkswirthschaftlichen Aufgabe sichern.

IV.

In dem Vorhergehenden sind die Hauptreformfragen der landschaftlichen Kredit-Institute behandelt. Alles was außerdem noch zu reformiren bleibt, steht jenen Grundsätzen an Bedeutung unendlich weit nach; es bezieht sich nur auf Formwesen und Art der Verwaltung. Aber auch die Form ist nicht ganz unwesentlich. Dieselbe muß mit den Prinzipien in Einklang stehen; dieselbe muß eine zeitgemäße sein, frei von dem unnützen alten Zopf. Von erheblicher Bedeutung aber ist die Art der Verwaltung.

Von dem ganzen Formwesen der Landschaft ist das Taxwesen das wichtigste.

Die Reform des landschaftlichen Taxwesens.

Zufolge der Aufgabe der Landschaft, mittelst ausgedehnter Bepfandbriefung des Grundbesitzes der Volkswirthschaft den Bedarf an flüssigem Kapital zu schaffen, muß es ein wesentliches Prinzip der Landschaft sein, daß die Werthfeststellung und die Beleihungsquote so gegriffen werden, daß die Pfandbriefe für alle denkbaren Fälle die **sicherste Grundlage** haben. Das Taxverfahren und die Beleihungsquote müssen so gewählt werden, daß damit das Vertrauen des Kapitalisten gewonnen und gefesselt wird, und daß eine auf diesen neuen Prinzipien reformirte oder neu gegründete Landschaft darin der alten nicht nachstehe. Das allein ist wesentliches Prinzip. Ob aber das Taxverfahren so eingerichtet wird, daß der ermittelte Werth höher oder niedriger, d. h. dem wirklichen zeitigen Werth sich mehr annähernd, oder von demselben sich entfernend herauskommt, und dem entsprechend im ersten Fall die Beleihungsquote kleiner, im zweiten Falle größer genommen wird, ob die Werthsermittelung auf diese oder jene Art geschieht, das nenne ich Formwesen. Hierin nun halte ich es nicht für gleichgültig, ob die Form, welche dem Prinzipe dient, so oder so beschaffen ist. Ich stelle an die Form gewisse allgemeine Anforderungen, welchen dieselbe entsprechen muß.

In Betreff des Verhältnisses von Taxhöhe und Beleihungs=

quote will ich nur kurz meine Meinung dahin aussprechen, daß ich es für zweckmäßiger halte, namentlich für eine neu zu gründende Landschaft, das Taxverfahren so zu stellen, daß der ermittelte Werth sich dem zeitigen Nutzungswerth mehr annähert, während dagegen die Beleihungsquote niedriger, etwa auf ein halb der Taxe zu stellen wäre.

Ich komme auf das Taxverfahren selbst. Die Eigenschaften, welche man von einem Taxverfahren für unseren Zweck prinzipiell verlangen muß, sind folgende:

1) Dasselbe muß den dauernden Werth des Gutes ausdrücken, unabhängig von dem zeitig auf dem Gute Anwendung findenden Wirthschaftssystem.
2) Dasselbe muß die Parteilichkeit ausschließen.
3) Dasselbe muß auf bestimmte, für alle Theile des landschaftlichen Gebietes gleiche Prinzipien basirt sein.
4) Dasselbe muß jedem, durch dauernde Verhältnisse bedingten Werthmoment bei dem einzelnen Gute gebührende Rechnung tragen.
5) Dasselbe muß in der Handhabung einfach sein und schnell zum Ziele führen; dasselbe muß namentlich alle mit dem Zweck nicht in directester Beziehung stehenden Spezialrechnungen ausschließen, und alle unnützen Umstände und Kosten vermeiden.

Ich kann mir die Mühe des Schreibens und dem Leser die Mühe des Lesens ersparen, um das bisherige Taxverfahren der verschiedenen landschaftlichen Kredit=Institute einer eingehenden Betrachtung zu unterziehen. Unsere Ostpreußische Landschaft, deren Taxverfahren, wiewohl vom Jahre 1837 datirt, doch den Typus viel älterer Zeit an sich trägt, hat das Unzeitgemäße dieses Taxmodus, bei welchem — wie man sich auszudrücken beliebt hat — die Harmonie der Fehler das Beste wäre, was daran ist, seit langer Zeit gefühlt, und das dringende Bedürfniß nach einem sachgemäßen Verfahren mehrfach kundgegeben. Dieselbe hatte im Jahre 1863 einen Preis von 800 Thlr. ausgesetzt für eine Arbeit, welche ihr ein besseres, annehmbares Tarverfahren böte. Die Aufgabe ist nicht gelöst, der Preis ist nicht ertheilt worden, und die alten Tarprinzipien werden noch immer fort gehandhabt. Die Tarprinzipien der anderen Landschaften haben nicht in dem Grade als die der Ostpreußischen den Charakter der Veraltung an sich. Die der Pommerschen und Schlesischen Landschaft sind in den Jahren 1857 und 1859 reformirt; dieselben haben aber das System der Ertragstaxe mit einem höchst unnützen, weitläufigen Rechnungsmaterial beibehalten. Die Posensche Landschaft dagegen hat eine Werthtaxe in möglichster Einfachheit. Die Targrundsätze der neuen Westpreußischen Landschaft müssen aber als dürftig bezeichnet werden. Die neueste Landschaft, die Sächsische, hat einfach die Anwendung der Grundsteuer-Reinertragssätze für die Werthbestimmung der Güter angenommen. Sämmtlichen Landschaften fehlen im Tarwesen die Elemente einer zeitgemäßen, radicalen Reform. Man kann von den Tarprinzipien derselben kurz sagen: de mortuis nihil nisi bene. Sind dieselben auch noch nicht todt, so haben sie sich doch überlebt, und müssen einem anderen Verfahren Platz machen, welches geeignet ist, die oben gestellten Forderungen bestens zu erfüllen.

Das Tarverfahren, welches ich als zweckentsprechend proponire, ist die Combination der in allen alten Theilen des Preußischen Staates **vorhandenen Bonitirung des Bodens**, welche für die Feststellung der Reinerträge Behufs Vertheilung der Grundsteuer ausgeführt wurde, mit einer für das Gebiet jedes landschaftlichen Kredit-Instituts aufzustellenden **Werthstabelle** für die verschiedenen Klassen des Bodens in den dem Gebiete angehörenden landräthlichen Kreisen, unter Anwendung einer **Berichtigungsnorm** für die Berechnung derjenigen dauernden Werth-

momente des einzelnen Gutes, welche in der Boden=
klasse ihren Ausdruck nicht finden.

Warum soll denn nicht der aus der Reinertragsermittelung für die Grundsteuervertheilung sich ergebende Werth auch ohne Weiteres als Kredittaxe für die Landschaft dienen können? wird jeder Leser fragen, welcher von dem bei Feststellung der Reinertragsfäße für die Grundsteuerregulirung zur Anwendung gekommenen Verfahren nicht vollkommen unterrichtet ist. Zunächst war dieses Verfahren kein einheitliches für die kleineren und größeren Einschätzungsbezirke, d. h. kein auf einheitliche, tiefere Grundlagen basirtes. Die Reinertragssätze waren nicht etwa aus prinzipiell festgestellten Wirthschaftsnormen durch spezielle Rechnung hervorgegangen. Die Wirthschaftsnorm hätte natürlich keine feststehende für alle Bezirke und jede Art Boden in diesen Bezirken sein können, sondern hätte sich nach den maßgebenden Umständen modificiren müssen. In solcher Art hätten sich Sätze aufstellen lassen, welche eine Berechtigung gehabt hätten als gleichmäßige zu gelten, d. h. den Reinertrag und eventuell den Werth aller Güter in den verschiedenen Kreisen und Regierungs=Bezirken relativ gleichmäßig bezeichnend. Von einem solchen Verfahren hat man bei der Grundsteuerregulirung abgesehen. Man hat in jedem einzelnen Kreise die Reinertragssätze für die einzelnen Bodenklassen so nach der in der Commission sich geltend machenden Ansicht gegriffen, und unter Vermittelung des Kreis=Commissarius und endlich des Bezirks=Commissarius, welcher letzterer die Aufgabe hatte, auf die möglichste relative Gleichheit zwischen den verschiedenen Kreisen hinzuarbeiten, festgestellt. Es war gewissermaßen ein Handel, wobei jeder Kreis bestrebt war so vortheilhaft als möglich abzukommen. Möchte man aber auch über die durch dieses Verfahren in den einzelnen Kreisen bei den verschiedenen Bodenklassen, und in den einzelnen Regierungs=Bezirken zwischen den verschiedenen Kreisen zur Geltung gekommenen relativen Ungleichmäßigkeiten als unerheblich sich hinwegsetzen und jenen Handel als practisch gelten lassen, so hat doch in den Bezirks-Commissionen unserer Regierungs-Bezirke Königsberg und Gumbinnen eine so erhebliche Verschiedenheit in Auffassung der Bedeutung oder Beziehung der Reinertragssätze stattgefunden, und ist schließlich auch thatsächlich zur Geltung gekommen, daß eine Landschaft, welche unsere beiden Regierungs-Bezirke umfaßt, unmöglich jene Reinertragssätze anwenden könnte, weil dadurch eine zu große Ungleichmäßigkeit des Taxwerthes der Güter in dem einen und in dem anderen Bezirk sich ergeben müßte. Es waren nämlich im Gumbinner Regierungs-Bezirk die Kreis-Commissionen unter Beistimmung oder auf Veranlassung der Bezirks-Commission in der Meinung zu Werk gegangen, daß nur der Ertrag des Grund und Bodens mit Ausschluß der Zinsen allen Kapitals, welches in Gebäuden, Inventarium u. s. w. mit dem Boden verbunden in der Landwirthschaft zur Nutzung kommt, geschätzt werden sollte. Dagegen hatten die Kreis-Commissionen des Königsberger Regierungs-Bezirks es als selbstverständlich betrachtet, daß der Reinertrag der ganzen Güter, wie solche in einem mittleren wirthschaftlichen Zustande beschaffen zu denken sind, ermittelt und in den Reinertragssätzen der verschiedenen Bodenklassen ausgedrückt werden sollte, und hatten in diesem Sinne die Aufstellung ihrer Reinertragssätze ausgeführt. Dieser Theil des ganzen Schätzungswerkes war bereits in beiden, und auch in allen übrigen Regierungs-Bezirkungen so weit gediehen, daß er nur noch durch die Arbeit der Central-Commission zum Abschluß zu bringen war, da erst wurde in einer hier abgehaltenen Versammlung von Mitgliedern aller bei der Grundsteuerregulirung in beiden Regierungs-Bezirken thätigen Commissionen und sich für die Sache interessirenden Grundbesitzern, welche den Zweck hatte Schritte zu berathen, um die Benachtheiligung gegen die westlichen Provinzen, in welche man unser Ostpreußen durch das eigene fast vollendete Einschätzungswerk meinte gebracht zu haben, noch nach Kräften abzuwenden, jener Differenzpunkt zur Sprache gebracht. Es wurde hervorgehoben, daß jene Frage an oberster Stelle noch als eine offene bezeichnet worden sei, und wurde auf Grund dessen der Antrag zum Beschluß erhoben, bei dem Herrn Finanzminister um eine Declaration in dem Sinne Vorstellung zu machen, daß lediglich der Ertrag des reinen Grund und Bodens zu schätzen sei. Es ist in der That später eine Declaration in diesem Sinne erfolgt. Auf Grund deren wurde nun von der Königsberger Kreis-Commission — es ist mir unbekannt, was die Königsberger Bezirkungs-Commission und was die übrigen Kreis-Commissionen des Königsberger Bezirks gethan haben — eine Reclamation bei der Central-Commission abgegeben. Diese hat den Erfolg gehabt, daß es dennoch bei den aufgestellten Reinertragssätzen blieb. Die Sätze des Königsberger Bezirks wurden bei der Central-Commission in dem neuen Sinne, in welchem dieselben nicht aufgestellt waren, dennoch für treffend befunden, und neben denen des Gumbinner Bezirks kurz bestätigt.

Ich habe keine Kenntniß davon erlangt, ob ähnliche Differenzpunkte auch in unseren benachbarten Bezirken Westpreußens und in den anderen Provinzen zur Erscheinung und zur Geltung gelangt sind; doch habe ich nach jenem thatsächlichen Fall wenig Vertrauen auf die relative Gleichmäßigkeit der Reinertragssätze. Wenn eine Ostpreußische Landschaft die Sätze der Bezirke Königsberg und Gumbinnen in gleicher Rechnung für Kreditaren nicht gebrauchen kann, ohne sich eine Unbilligkeit zu Schulden kommen zu lassen, so möchte jede Landschaft einer anderen Provinz wenigstens ihre Grundsteuer-Reinertragssätze streng auf ihre Brauchbarkeit zu prüfen haben.

Muß die Landschaft von den für die Grundsteuerregulirung entworfenen Reinertragssätzen Abstand nehmen, so wird dieselbe eine neue Schätzung der Bodenklassen nicht nach dem Reinertrag, sondern gleich nach dem Werth aufstellen. Diese Aufstellung ist nur einmal zu machen. Dabei bleibt es jedoch der Landschaft vorbehalten, regelmäßig nach längeren Zeitläufen, oder unregel-

mäßig auf genügend motivirten Antrag eine Revision der Werth=
sätze eintreten zu lassen.

Nach welchen Prinzipien eventuell eine Aufstellung relativ
gleichmäßiger Werthsätze erzielt werden solle, falls man es nicht
dabei bewenden lassen will, mit Ausschluß so gewichtiger Diffe=
renzen als die oben erwähnte, den Modus vertraulicher Unter=
handlung zu wählen, darauf kann ich hier nicht eingehen; das
wäre an sich eine Arbeit von erheblicher Ausdehnung. Das Eine
nur will ich hervorheben, daß die Voraussetzungen genau
zu bezeichnen sind, unter welchen die Werthsätze festge=
stellt werden sollen. Bei den Grundsteuer=Reinerträgen
sind alle zum Gute gehörenden Wohngebäude durch das Gesetz,
alle anderen Gebäude durch die ausdrückliche Declaration des Fi=
nanzministers ausgeschlossen. Die Werthsätze einer Landschaft
werden diese Pertinenzien unfehlbar mit umfassen sollen. Es wird
für jede Art Wirthschafts= und Wohngebäude eine Norm aufzu=
stellen sein, welche das Verhältniß ausdrückt, in welchem diese
Räume zu dem Grund und Boden des Gutes als nothwendig
anzunehmen sind. Eine solche Norm wird auch für alles lebende
und todte Betriebsinventar aufzustellen sein. Wenn der Bestand
in einer Wirthschaft unter der Norm bleibt, so wird das Fehlende
nach bestimmten Werthsätzen von dem Taxwerthe in Abzug zu
bringen, nicht aber im entgegengesetzten Falle hinzuzurechnen sein.
Für die Abgaben und Lasten wird es sich als das Einfachste
empfehlen, den Betrag zu kapitalisiren und von dem berechneten
Taxwerth in Abzug zu bringen. Die für die Werthschätzung der
Bodenklassen etwa zu entwerfenden Rechnungsprinzipien würden
den gegenwärtigen Tarprinzipien unserer Ostpreußischen Landschaft
zu vergleichen sein. Dieselben würden aber nur einmal, oder
doch nur bei jeder späteren Revision wieder zum Gebrauch kom=
men. Während bei dem heutigen Tarverfahren unserer Ostpreu=
ßischen Landschaft der ganze ausgedehnte Rechnungsapparat bei
jeder einzelnen Gütstaxe in Anwendung gebracht wird, würde, nach

geschehener Aufstellung der Werthsätze für die sämmtlichen Boden=
klassen in allen Kreisen des landschaftlichen Gebiets, bei der Taxe
des einzelnen Gutes nur ein einfaches Rechenexempel auszuführen
sein, welches nur wenig Zeit und Arbeit in Anspruch nehmen
würde.

Es würden aber, um dem vierten Punkt meiner oben aufge=
stellten Anforderungen an ein Taxverfahren zu genügen, auch Um=
stände bei der Taxation eines einzelnen Gutes in Rechnung zu
bringen sein, welche bei jedem einzelnen Gute variiren, welche also
in den auf einen ganzen Kreis sich beziehenden Werthsätzen nicht
Ausdruck finden. Dazu wird gehören die vortheilhafte Lage des
Gutes für den Absatz der Producte, die Nähe einer Chaussee,
eines Canals, einer Eisenbahn, die Nähe einer großen Handels=
stadt. Dazu werden ferner gehören eine flache Lage des Bodens
mit geringer Erhebung über das Niveau eines nahelegenden
Wassers, Möglichkeit von Ueberschwemmungen, eine geographisch
hohe Lage des Guts, die Lage auf der Nord= oder Ostseite eines
Höhenzuges, eine Lage im Walde, ferner eine starke Coupirung
des Terrains, welche die Wirthschaftskosten erhöht, desgleichen eine
schlecht arrondirte Lage des Guts, und etwa noch die Bauart der
Gebäude in Bezug auf die Dauer. Alle diese Umstände haben
bei der Grundsteuerregulirung keine Berücksichtigung gefunden.
Gleichwohl bedingen dieselben den Werth eines Gutes oft im
höchsten Grade, und sind bei einer landschaftlichen Taxe nicht un=
berechnet zu lassen. Aus diesem Gesichtspunkte muß die
einfache Anwendung der Grundsteuer=Reinerträge Be=
hufs Werthermittelung der Güter für eine Landschaft
vollends für unanwendbar gelten.

Wie ist aber diesen nicht unwesentlichen Werthmomenten
Ausdruck zu geben? Bei der Posenschen Landschaft geschieht es
durch Erhöhung, resp. Erniedrigung des rechnungsmäßigen Tax=
werths innerhalb der Grenze von 10 Proc. desselben nach beiden
Seiten, auf den motivirten Bericht der Taxcommission. Ich halte

die genannte Grenze für zu eng gesteckt, und andererseits für nothwendig, um der Parteilichkeit auch diesen Spielraum nicht zu lassen, daß die Landschaft sich eine bestimmte Norm entwerfe, nach welcher jene Werthmomente im einzelnen Falle in Rechnung zu ziehen sind.

Wie einfach wird nun endlich das ganze Tarwesen dadurch, daß wir die Bonitirung sämmtlicher Güter in den für die Grundsteuerregulirung gefertigten Flurbüchern bereits besitzen. Dieses Material ist für jede Hypotheken-Kreditgesellschaft unendlich schätzbar, und ich halte es für unmöglich, daß eine Gesellschaft sollte davon nicht Gebrauch machen wollen, sondern vorziehen, wie bisher jedes Gut noch einmal nach ihren eigenen Klassen bonitiren zu lassen. Ich hebe noch hervor, daß diese Bonitirung namentlich für eine durchaus unparteiische wird gelten müssen.

Mit Hülfe dieser für alle Güter fertigen Bonitirung, mit Anwendung von Werthsätzen für die verschiedenen Bodenklassen und unter Benutzung des Berichtes über die Lokaluntersuchung und des Gutachtens des Sachverständigen betreffend alle etwaigen besonders in Rechnung zu bringenden Werthmomente, und mit Hülfe der für letztere vorhandenen Rechnungsnorm, wird dann die Gutstaxe in dem Landschaftsbüreau ohne unnützes Rechenwesen, ohne Zeitverlust, im Winter ebenso wie im Sommer ausgefertigt. Die großen Weitläufigkeiten und erheblichen Kosten einer Taxe nach dem alten Verfahren sind damit vermieden.

Wiewohl wir nun schon seit Jahren die Bonitirungen für die Grundsteuerregulirung besitzen, bestehen die alten Taxprinzipien unserer Ostpreußischen Landschaft immer noch fort. Zwar hat die Landschaft seit einiger Zeit auch die Werthberechnung nach den für die Grundsteuervertheilung ermittelten Reinerträgen zur Anwendung kommen lassen. Die Landschaft hat das Dreißigfache des Reinertrages als den Maximalsatz festgestellt, bis zu welchem der Gutswerth bestimmt werden darf. Die Bestimmung geschieht

durch das Revisions-Collegium auf den Bericht des Kreislandschafts=
raths. Doch das alte Taxverfahren wird noch überall da zur
Anwendung gebracht, wo eine höhere Taxe dadurch zu erzielen
ist. Die einfache Werthsberechnung nach den Grundsteuer=Rein=
ertragssätzen wird also für den Zweck der Landschaft für unzuläng=
lich gehalten, und ist in der That aus den angeführten Gründen
zu allgemeiner Anwendung und zu einem landschaftlichen Tax=
system für die Dauer nicht geeignet. Demnach wiederhole ich
meine Proposition: Die Landschaft stelle ihre eigenen
Werthsätze zu der Grundsteuer-Bonitirung auf und
normire die Berechnung einzelner Werthmomente,
welche in der Werthtabelle keinen Ausdruck finden, und
die Landschaft wird ein eben so einfaches als zweck=
entsprechendes Taxverfahren haben.

Eine Taxe hat oft noch mancherlei Pertinenzien
eines Gutes in Rechnung zu ziehen. Indem ich darauf
eingehe, beabsichtige ich nur die Prinzipien anzudeuten, nach wel=
chen eine Landschaft derartige Pertinenzien in die Taxe aufnehmen
darf, ohne ihrem Kredit zu schaden.

Ein Gut hat Wald, hat ein Torflager, hat eine
Brennerei oder Brauerei, eine Ziegelei oder Mühlen.
Wie hat die Landschaft solche zu schätzen?

Der Wald ohne wirthschaftlichen Holzbestand kann für lange
Zeit ganz ertraglos und ohne wesentlichen Werth sein, während
derselbe mit mittlerem oder gar gutem Holzbestande einen erheb=
lichen Werth repräsentirt. Eignet sich der Wald, da sein Werth
zum großen oder größten Theil in dem schlagbaren Holzkapital
besteht, in Betracht der beweglichen Eigenschaft dieses als Grund=
lage eines Pfandbriefes? Der Besitzer des Waldes kann ja mit
einem Schlage das ganze Holz auf dem Stamm verkaufen und
in demselben Augenblick über die erhaltene Valuta verfügen, so
daß das Holz und das dafür gezahlte Geld für die Landschaft
unwiederbringlich verloren sind. Keine Aufsicht des Kreisland=

schaftsraths kann das hindern. Der Wald darf demnach nur zu dem Werth geschätzt werden, welchen derselbe auch ohne die Holzbestände allein durch den Grund und Boden hat. Dadurch fallen auch die Umstände einer speziellen Werthschätzung nach den wirklichen Holzbeständen und die Umstände einer Beaufsichtigung fort.

Die Landschaft muß neben ihren Hauptgesichtspunkten, möglichst weite Ausdehnung und möglichste Erleichterung der Bepfandbriefung der Güter, immer im Auge haben: die Sicherheit ihrer Pfandbriefgrundlagen und die Einfachheit ihres Verwaltungswesens. Das Interesse Einzelner kann eine besondere Berücksichtigung bei der Landschaft nicht finden.

Dieselben Grundsätze müssen auch leitend sein bei Beurtheilung der Zulässigkeit der Bepfandbriefung für Erträge landwirthschaftlicher Gewerbe.

Wenn ein Gut eine Brennerei oder Brauerei hat und eine Nutzung davon nachweisen kann, welche nach der tarmäßigen Berechnung einen Kapitalwerth ergiebt, der dem übrigen und eigentlichen Gutswerth gleichkommt, so rechnet die Ostpreußische Landschaft den Kapitalwerth dieser Brennerei- und Brauereinutzung zu dem Werthe des Gutes, und das Gut wird nach dem doppelten seines reinen landwirthschaftlichen Werthes bepfandbrieft. Bieten aber die Brennerei und die Brauerei ein dem Gut vergleichbares Pfandobject dar? Es wird bei der Taxe von dem Gutsbesitzer nur die sechsjährige wirkliche Nutzung nachgewiesen und darauf die Rechnung gebaut. Es wird nicht gefragt, ob diese Nutzung auch unbedingt eine dauernde sei, ob dieselbe nicht etwa lediglich durch persönliche oder Zeitverhältnisse bedingt war. Wenn ein zweiter Besitzer des Gutes diese Nutzung verloren gehen läßt, — es kann mancherlei Gründe dazu geben — so ist damit die Grundlage der darauf ausgestellten Pfandbriefe verloren gegangen. Sollte die Landschaft sich ein Recht verbehalten, über die Fortdauer jener Nutzung eine Kontrolle zu führen, um zeitig genug die Ablösung der Pfandbriefe zu fordern?

Die Ostpreußische Landschaft berechnet sogar den Kapitalwerth einer Schanknutzung, welche durch sechsjährige Rechnung nachgewiesen wird. Diese für die Brennerei= und Krugbesitzer sehr loyalen Bestimmungen der Ostpreußischen Landschaft greifen unmittelbar in das Wesen der Pfandbriefsicherheit und den Kredit der Landschaft ein und contrastiren in der That eigenthümlich zu der rigorösen Peinlichkeit, welche in den allerunwesentlichsten Stücken beobachtet wird.

Die Grundlage eines Pfandbriefes muß ein Gegenstand, ein greifbares Objekt von unzweifelhaftem und unvergänglichem Werth sein. Von solchem Gesichtspunkt aus kann man eine Brennerei und Brauerei, welche die natürlichen Grundlagen eines gesicherten Fortbestehens in sich haben, wohl für ein Pfandbriefobject annehmen; doch nur unter dieser Voraussetzung, und es darf nicht der Nutzungswerth, sondern nur der Materialwerth für die Bepfandbriefung maßgebend sein.

Aehnlich ist es mit einer Ziegelei. Die Ostpreußische Landschaft beschränkt hier aber den Nutzungswerth, welcher zur Bepfandbriefung gelangen darf, auf 8 Proc. des reinen landwirthschaftlichen Werthes. Dieselbe macht außerdem die Schätzung und Bepfandbriefung des Ziegeleiwerthes abhängig von dem Vorhandensein eigenen Holzes für einen dauernden Betrieb, welche Bedingung einer rationellen Begründung durchaus entbehrt. Ein Gut kann ja die Steinkohle für seinen Ziegeleibetrieb billiger haben, als Schlägerlohn und Anfuhrkosten des eigenen Holzes. Es kommt bei einer Ziegelei außer der Beschaffenheit und Masse des Materials wesentlich darauf an, ob dieselbe für die Fabrikation und den Absatz so günstig gelegen ist, daß derselben allezeit und gegen jede Concurrenz ein Bestehen gesichert ist. Unter dieser umgerechnet ist und die Bestätigung erhalten hat, dann wird der Betrag der danach statthaften Anleihe dem Darlehnsucher von der General-Landschafts-Direction bekannt gemacht.

§. 20. Vor der Bewilligung des Pfandbriefsdarlehns hat der auf dasselbe antragende Besitzer dann jedoch für die Erfüllung folgender Bedingungen Sorge zu tragen:

a) ist nach .... eine Schuld- und Verpfändungs-, resp. Novations-Urkunde über das Pfandbriefs-Darlehn gerichtlich .... vor ihr zu verlautbaren.

b) die Hypothekengläubiger, welche mit dem Pfandbriefsdarlehn abgefunden werden sollen, haben ihre Forderungen an die Landschaft zu cediren, und in der Cession gleichzeitig über die Valuta ..... zu quittiren. ....

§. 22. Sobald allen vorstehend gedachten Bedingungen genügt ist, wird in der nächstfolgenden Johanni- oder Weihnachtssitzung der Ostpreußischen General-Landschafts-Direction das Darlehn bewilligt und nach gleichzeitiger Ausfertigung der Pfandbriefe darüber die hypothekarische Eintragung desselben und die Beglaubigung der Pfandbriefe bei Gericht nachgesucht.

§. 23. Mittelst der beglaubigten Pfandbriefe .... befriedigt die General-Landschafts-Direction zunächst diejenigen Hypothekengläubiger, deren Forderungen ihr cedirt sind 2c. 2c."

Diese Bestimmungen der Ostpreußischen Landschaft sind vom 1. Februar 1867.

Also es ist möglich, daß nach allen unendlich umständlichen Vorbereitungen des Geschäfts, nach Erfüllung von Bedingungen, welche, wie §. 20 b., Zumuthungen an den Privatgläubiger enthalten, die fast unglaublich erscheinen, — daß nach alledem noch fast ein halbes Jahr vergeht, bis die Ostpreußische General-Landschafts-Direction eine Johanni- oder Weihnachtssitzung abhält und das Darlehn definitiv bewilligt, wonach dann noch die Zeit bis zu erfolgter Beglaubigung der Pfandbriefe und Auszahlung der Gläubiger unbestimmt bleibt. Der Gläubiger, welcher sein Kapital gekündigt, und dadurch etwa die Bepfandbriefung veranlaßt hat, will sein Kapital am Tage der Fälligkeit prompt ausgezahlt haben. Dieselbe Anforderung müssen mit noch mehr Recht alle diejenigen Gläubiger erheben, welchen Behufs Ermöglichung der Bepfandbriefung des Gutes ihre Kapitalien gekündigt wurden. Die Kapitalisten wollen doch zeitig genug über ihr Kapital weitere Disposition treffen und müssen es wissen, wann sie darüber verfügen können. Es ist zu viel verlangt, daß sich dieselben auf die unbestimmte Zahlungsfrist einlassen und darauf hin ihre Hypothek lange vor der Zahlung an die Landschaft cediren und über die Valuta quittiren sollen. Will der Gutsbesitzer trotz dieser Schwierigkeit die Bepfandbriefung ermöglichen, und es gelingt ihm, seine Gläubiger für eine Vermittelung zu gewinnen, durch welche die Interessen beider Theile zur Befriedigung gelangen, so verursacht ihm doch das unnütze Mühe und Kosten. Das Schlimmste ist aber und bleibt, daß das landschaftliche Kredit-Institut durch solche Verwaltung, so zu sagen, sich unmöglich macht. Dieser Uebelstand, wiewohl sich nicht auf die Hauptprinzipien der Landschaft, sondern nur auf das Formwesen beziehend, würde selbst bei einer in den Hauptprinzipien richtig fundirten Landschaft die Wirkung üben, daß das Institut lahm wäre und die ihm zufallende volkswirthschaftliche Aufgabe bei diesem Fehler nur mangelhaft erfüllen könnte.

Gegenüber jenem, zur endlichen Bewilligung des Pfandbriefsdarlehns bei der Ostpreußischen Landschaft führenden Verfahren stelle ich die Forderung auf, welche die Landwirthschaft an ein zeitgemäßes Hypotheken-Kredit-Institut wohlberechtigt stellen muß. Die Direction der Landschaft muß, nachdem ein mit den erforderlichen Belägen versehener Antrag bei derselben abgegeben ist, umgehend die ungesäumte Lokalbesichtigung des Gutes durch einen landschaftlichen Kreissachverständigen veranlassen. Nachdem der Bericht von diesem eingegangen, ist innerhalb 24 Stunden in dem Büreau der Landschaft die Taxe nach den beigebrachten Bonitirungsregistern, mit Hülfe der feststehenden Werthstabellen und unter Berücksichtigung der aus dem Bericht des Sachverständigen sich ergebenden Taxmomente zu berechnen und zu revidiren. Nach Aufstellung der Taxe hat der Director oder das Directions-Collegium, welches täglich zur Stelle sein muß, sich sofort über die Bewilligung der Pfandbriefe schlüssig zu machen und den Antragsteller umgehend zu bescheiden. Es wird nicht zu knapp gegriffen sein, wenn ich behaupte, daß die Sache unter nicht ungewöhnlichen Umständen immer in 14 Tagen soweit gediehen sein kann. Erhält der Antragsteller die Bewilligung der Bepfandbriefung, und convenirt ihm nun die Höhe der Beleihung, von welcher er sich übrigens bei der Einfachheit der Taxe und dem Vorhandensein aller Grundlagen dazu vorher ohne Mühe und Kosten selbst eine Berechnung machen kann, so hat er der Landschaft einfach die Annahme des Geschäfts anzuzeigen und den Termin bekannt zu machen, an welchem seine Zahlungen fällig werden. Die Zahlungen werden von der Landschaft an die Gläubiger am Fälligkeitstage gegen Cession der Hypothek Zug um Zug geleistet. Nachdem die sämmtlichen einzelnen Posten der zu bepfandbriefenden Hypothek von der Landschaft bezahlt und die Documente an die Landschaft cedirt sind, dann erst veranlaßt die Landschaft die formelle Regulirung der Hypothek durch das Gericht und setzt sich in Besitz der gerichtlich beglaubigten Pfandbriefe. Das wäre die Geschäftsart eines exacten Privatmannes, und ein Verkehrsinstitut muß sich dem wohlbegründeten Geschäftsverfahren des Privatverkehrs nach Möglichkeit anschließen.

Hat die Landschaft bereits einen Fonds, so kann dieser zu den Zahlungen Verwendung finden, welche vor der Ausfertigung und gerichtlichen Beglaubigung der Pfandbriefe zu machen sind. Hat eine neue Landschaft etwa keinen Fonds, oder keinen ausreichenden, so wird dieselbe so lange, bis sie sich in jenem Falle befindet, für eigene Rechnung die Zahlung durch ein Bankhaus leisten lassen. Der Pfandbriefnehmer wird dadurch mit der Differenz der Zinsen für diese Zeit und der Provision des Banquier belastet. Das läßt er sich gern gefallen, denn er hat selbst keine Sorge darum und Mühe, und kann ungestört mit ganzer Seelenruhe und ganzem Erfolg seinen Geschäften obliegen; sein ganzes Kapitalgeschäft befindet sich nach gemachtem Antrag und erklärter Annahme in den Händen der Landschaft. Die Landschaft ist nicht ein Kapitalist, der ein Darlehn giebt, sondern ein Institut, welches im Dienste der ihrem Verbande sich anschließen= Gutsbesitzer, welches mittelbar im Dienste der Volks= wirthschaft die Verwandlung des bepfandbriefungs= fähigen Grundkapitals in flüssiges Kapital, in Pfand= briefe, ausführt. Diese Bedeutung ihres Wesens sollte eine Landschaft nie verkennen, und dieser Bedeutung entsprechend immer die Frage sich vorlegen: Was ist die Landschaft der Land= wirthschaft **schuldig?!**

Deshalb ist eine Reform unserer und jeder Landschaft, deren Institutionen noch ähnlich beschaffen sind, in dieser Richtung eben so wie in den Hauptprinzipien dringendes Bedürfniß der Landwirthschaft und der ganzen Volkswirthschaft. Demnach wieder= hole ich: Es darf kein Mittel unversucht bleiben, unsere Land= schaft zu schleuniger Vollziehung aller dringenden Reformen zu veranlassen. Sollte die bloße Hinweisung durch Schrift und Wort die Landschaft nicht dazu vermögen, entschiedene Schritte zu thun, so würde es dringend geboten sein, zunächst unmittelbar bei dem Königl. Staatsministerium über die nothwendige Reform der privilegirten Landschaft Vorstellung zu erheben und zu bean= tragen, daß von oben her die Initiative ergriffen werde, um der= selben eine dem heutigen Zustande nationalökonomischer Erkenntniß und privatwirthschaftlichen Geschäftsverkehrs entsprechende, prin=

zipiell richtige und formell geschäftsmäßige Gestaltung zu geben. Eventuell würde unter Motivirung durch den Umstand, daß die privilegirte Landschaft in ihrer heutigen Verfassung die ihr zufallende Aufgabe zu erfüllen nicht im Stande sei, auf eine Entziehung des den ganzen nicht bepfandbrieften Grundbesitz belastenden Privilegiums im Wege der Gesetzgebung anzutragen sein. Das directeste und sicherste Mittel aber, wodurch unsere Landwirthschaft, und durch diese unsere ganze Volkswirthschaft sich in den Genuß der Vortheile einer ausgedehnten, in ihren Folgen unendlich heilsamen Pfandbrief-Emission bringen kann, wäre die **Gründung einer neuen Landschaft**, richtig in ihren Prinzipien und zeitgemäß in ihren Formen, ohne alle Rücksicht auf das Privilegium der alten. Die besseren Eigenschaften der neueren Pfandbriefe würden im Auge der Kapitalisten das Privilegium der alten aufwiegen.

Mit der Vereinfachung des ganzen Geschäftsverfahrens bei der Bepfandbriefung wird nothwendig auch der ganze Verwaltungsmechanismus ein einfacherer und billiger, und so ist meine zweite Anforderung in Bezug auf die Reform der Verwaltung unserer Landschaft eine nothwendige Consequenz der ersteren.

Indem hier von der Vereinfachung der Geschäfte der Landschaft die Rede ist, nehme ich Gelegenheit auf einen Punkt der Verwaltung zu kommen, mit welchem die Landschaften sich in unbegründeter Weise belasten: es ist die **Tilgung der Pfandbriefe durch Annuitätenzahlung**.

Die Ostpreußische Landschaft macht bei einer Bepfandbriefung über $1/2$ der Taxe dem Gutsbesitzer die Zahlung einer Annuität Behufs Amortisation zur Pflicht. Die anderen Landschaften befolgen das Tilgungsprinzip in ausgedehnterem Maße, und auch die neueren Aktien-Hypotheken-Kredit-Institute haben die Tilgung durch Annuitätenzahlung aufgenommen und legen sogar Gewicht darauf. Ich muß erklären, daß ich keinen richtigen

Zweck und keinerlei Vortheil darin zu finden vermag. Man übt damit auf den Gutsbesitzer einen jedenfalls unnützen, unter Umständen aber demselben schädlichen Zwang aus. Hat der Gutsbesitzer einen Ueberschuß, so kann er denselben anderweitig ebenso vortheilhaft oder noch vortheilhafter anlegen, als durch die Abtragung einer Annuität seiner Pfandbriefe. Falls der Gutsbesitzer aber keinen Ueberschuß hat, so kommt er durch jenen Zwang in die Lage, einen theureren Kredit in Anspruch nehmen zu müssen, um einen Theil seiner Pfandbriefe zu tilgen, und dieses ohne allen Grund und Zweck. Die Volkswirthschaft profitirt jedenfalls nichts dadurch, wenn Pfandbriefe Behufs der Amortisation aus dem Verkehr herausgezogen werden. Macht der Gutsbesitzer seine 1000 Thaler Ueberschuß dem Kredit dienstbar, statt dieselben zur Tilgung von Pfandbriefen an die Landschaft zu zahlen, so hat die Volkswirthschaft die Pfandbriefe und die 1000 Thaler baar; beide Kapitalien sind ihr nutzbar. Durch Amortisation des Pfandbriefes kommt der bisherige Inhaber desselben in den Besitz der 1000 Thaler baar. Der Gutsbesitzer hat das Bewußtsein, seine 1000 Thaler Schulden weniger zu haben; aber er kann kein Kreditgeschäft machen, er kann sein Kapital nicht einer Unternehmung zur Disposition stellen und so durch Anspannung der Arbeitskraft, durch Förderung der Production der Volkswirthschaft nutzbar machen. Die Volkswirthschaft kann nie zu viel an Pfandbriefen, an flüssigem Kapital haben. Was davon im Verkehr nicht gebraucht werden kann, theilt zeitweise das Loos des festen Kapitals, ist aber jederzeit da, wenn es doch wieder gebraucht werden kann. In der Amortisation liegt also vielmehr eine gegen das volkswirthschaftliche Interesse gerichtete Tendenz. Man geht bei der Befürwortung der Tilgung von der Annahme aus, die Belastung der ersten Hypothek der Güter sei eine Schuld, und diese müsse getilgt werden, wie sich jeder gute Wirth schuldig fühlt, wieder zu ersparen und abzutragen, wenn er einmal zur Deckung eines größeren Bedürfnisses einen

Vorschuß hat nehmen müssen. Diese Vorstellung ist mir bei den landschaftlich bepfandbriefungsfähigen Hypotheken ganz fremd. Ich sehe die feste Belastung der bepfandbriefungsfähigen Hypothek gewissermaßen für eine Theilung des Besitzes an. Der Kapitalist besitzt den sichersten Theil des Gutes, dessen Sicherheit durch die Wirthschaftsweise nicht bedingt wird; er besitzt die erste Hypothek, welche ein Kapital darstellt, so gut wie Gold und Silber. Der Gutsbesitzer dagegen ist Eigenthümer des übrigen Gutswerthes. Der Tilgung der Pfandbriefe liegt demnach die Intention zu Grunde, den Kapitalisten und den Gutsbesitzer zu vereinigen. Ich halte diese Intention für unausführbar, auch durchaus nicht für nützlich. Ich halte es im Gegentheil für die landwirthschaftliche Production förderlicher, wenn der Gutsbesitzer dem Kapitalisten jenen Antheil an dem Gute voll beläßt und seinen Erwerb productiv anlegt. Man will den Gutsbesitzer veranlassen, lieber einen Theil der vermeintlichen Schuld abzutragen, indem man es für wahrscheinlicher hält, daß der Gutsbesitzer seinen Ueberschuß verbraucht, als daß er denselben productiv anlegt. Dabei übersieht man, daß andererseits bei der Tilgung der baare Ueberschuß des Gutsbesitzers in die Hand des Kapitalisten kommt, und hier oder in seinem weiteren Verbleib eben so gut als bei dem Gutsbesitzer Veranlassung zum Verbrauch geben kann. Man müßte dann überhaupt die Vermehrung des Geldes und flüssigen Kapitals in der Volkswirthschaft für nachtheilig halten, weil dasselbe Motiv zu größerem Verbrauch werden könnte. Da sind wir bei dem Vergleich mit dem scharfen Messer. Anders wäre es schon, wenn es sich um eine Tilgung derjenigen Hypothekenschuld handelte, welche der Besitzer zur letzten Stelle seiner Hypothek contrahirt hat, um etwa das Gut zu verbessern, oder gar den durch eine Mißernte erlittenen Ausfall zu decken. Demnach muß ich es für ein Hypotheken=Kredit=Institut für geboten erachten, sich von dem Tilgungssystem frei zu halten und seine Verwaltung nicht damit zu beschweren.

Nach dem Vorhergehenden unterliegt es keinem Zweifel, daß unsere alte Landschaft, falls dieselbe mit Genehmigung der Staatsregierung auf eine Reform in den hier bezeichneten Richtungen eingehen wollte, ihre ganze Verfassung ändern müßte; es müßte eine ganz neue Landschaft werden. Es wäre sehr zu wünschen, daß die Herren Landschaftsräthe sich dieser Erkenntniß nicht verschließen, sondern mit Selbstverleugnung einer neu verjüngten Landschaft eine segenvollere Bahn eröffnen möchten, als der alten beschieden ist. Die Verfassung einer verjüngten oder neuen Landschaft darf nicht mehr den ständisch-büreaufratischen Charakter unserer alten Landschaft, sondern muß einen mehr kaufmännisch-geschäftsmäßigen erhalten. Die Landschaft wird ihre Direction, ihren Verwaltungsrath und ihre Generalversammlung haben, ihre Agenten oder Vertrauensmänner, entsprechend unseren heutigen Landschaftsräthen. Dieselbe hat keine Departements, sondern nur ein Büreau für ihren ganzen Geschäftsbezirk. In diesem ist die Direction täglich in den Geschäftsstunden gegenwärtig, erledigt alle Geschäfte mit der möglichsten Schnelligkeit und hat ihre Beamten unter steter Aufsicht. Eine Verfassung ähnlichen Charakters haben die neueren landwirthschaftlichen Hypotheken-Kredit-Institute, welche seit Anfang der sechsziger Jahre auf dem Boden der Berliner Actien-Unternehmung in's Leben getreten sind. Die Anwendung der Grundsteuertaxe macht den ganzen Geschäftsbetrieb höchst einfach. Eine solche kaufmännische Actiengesellschaft hat ihren Sitz in Berlin, hat ihre Hauptagenturen in allen Provinzen, und betreibt das Geschäft mit Hülfe ihrer landwirthschaftlichen Vertrauensmänner, welche zum Theil den Charakter von Geschäftsreisenden haben, ganz kaufmännisch. Ein so ausgeprägt kaufmännischer Charakter kann allerdings bei einem unter Landwirthen eines beschränkten Gebiets durch Vereinigung der Interessenten gegründeten Institut nicht zur Erscheinung kommen, und soll es auch nicht, denn eine Landschaft wird sich immer wesentlich von einer Actiengesellschaft für den Hypotheken=Kredit unterscheiden, und dieser Unterschied wird sich auch in der Form bemerkbar machen.

In den Actien=Hypotheken=Kredit=Instituten bemächtigt sich die kaufmännische Spekulation der Kapital= und Kreditbedürftigkeit der Landwirthe und des in dem Grund und Boden der Land= wirthe selbst liegenden allersichersten Grundkapitals als zweier Hebel, um damit ein gutes Geschäft mit reichlicher Provision und hohen Dividenden und gutem Cours der Actien zu machen. Es ist richtig kaufmännisch, ein solch Vermittelungsgeschäft gegen guten Verdienst zu übernehmen, und sind deshalb diese Bestre= bungen nicht zu mißachten, soweit dieselben mit ganzer Reellität betrieben werden, und wenn dieselben durch ihre Geschäftsprin= zipien in der That im Stande sind, dem thatsächlichen Bedürfniß mit Erfolg zu dienen. Letzteres kann man aber von diesen neuen Hypotheken=Kredit=Instituten eben so wenig, als von den alten Landschaften sagen. Jene haben mit diesen den großen Fehler der Unkündbarkeit, des festen Zinsfußes und des Unter=Pari=Stan= des ihrer Hypothekenbriefe gemein, wodurch der Bepfandbriefung der Güter die allergrößte Schwierigkeit erwächst. Dieselben be= dienen sich eines zwar sehr einfachen, aber mangelhaften, in wei= ten Kreisen gar nicht anwendbaren Taxverfahrens. Endlich werden die Vorzüge ihrer zeitgemäßen Verfassung und der Schnelligkeit und Leichtigkeit des kaufmännischen Geschäftsbetriebes zum Theil aufgewogen durch den spekulativen Charakter des Geschäfts. Ein großer Theil von Hypothekengläubigern mag sich diesen Aktien= gesellschaften mit ihrem auf allerlei Geldgeschäfte gerichteten viel= seitigen Geschäftsbetrieb nicht mit dem Vertrauen zuwenden, mit welchem dieselben entweder ihr Kapital selbst direct auf Hypothek anlegen oder aber landschaftliche Pfandbriefe kaufen, denn die Solidität der Landschaften steht über jedem Zweifel.

Die zur Landschaft vereinigten Gutsbesitzer verdienen selbst die Provisionen, welche durch die Actiengesellschaften als Dividen=

den den Kapitalisten zufließen, und sammeln dieselben zu einem Reservefonds an. Dabei wahren sie ihrem Institut die einfache und kreditwürdige Gestalt eines auf Selbsthülfe und Solidarhaft gegründeten Vermittelungsinstituts für die Mobilisirung des Grundkapitals unter Enthaltung von allen sonstigen den Kredit des Instituts beeinträchtigenden Geschäften. Andererseits bietet die zeitgemäß organisirte und verwaltete Landschaft den Kapitalisten und den Gutsbesitzern alle die Vortheile einer leichten und schnellen Geschäftserledigung, welche den Actiengesellschaften für Hypotheken-Kredit eigen sind.

Eine Landschaft, auf die hierin ausgeführten Prinzipien basirt und zeitgemäß organisirt, würde nicht nur alle guten Eigenschaften unserer alten Landschaft mit denen der Actiengesellschaften verbinden, sondern vermöge ihrer Hauptprinzipien, der Kündbarkeit und des variablen Zinsfußes ihrer Pfandbriefe, einen außerordentlichen Vorzug vor jenen behaupten und würde in ihrem engeren Geschäftskreise unfehlbar zu einer sehr ausgedehnten Wirksamkeit gelangen.

Ich bin von der Klage über Mangel an Kapital und Kredit ausgegangen; ich habe behauptet, daß die Befriedigung jedes berechtigten Kreditbedürfnisses nur von dem Vorhandensein flüssigen Kapitals abhängen könne, und bin dahin gelangt, daß wir nur durch Mobilisirung des Grundkapitals, durch die Bepfandbriefung der Güter, Abhülfe schaffen, d. h. flüssiges Kapital in die Volkswirthschaft bringen können. Ich verlange die Abhülfe von den landschaftlichen Kredit-Instituten, und habe denselben die volkswirthschaftliche Aufgabe gestellt: die Landschaft hat durch die freie Mobilisirung des Grundkapitals die Befriedigung jedes berechtigten Kapital- und Kreditbedürfnisses in der Volkswirthschaft zu vermitteln. Die Erfüllung dieser Aufgabe läßt sich dadurch erreichen,

daß die Landschaft zunächst nicht auf die Höhe der Bepfand=
briefung des einzelnen Gutes, sondern vielmehr auf die Aus=
dehnung derselben auf bisher noch nicht bepfandbriefte Güter ihr
Augenmerk richtet. Die Befriedigung des eigentlichen Kredit=
bedürfnisses, d. h. die Beleihung der Güter in solcher Höhe, in
welcher der Kredit zur Geltung kommt, muß der secundären Wir=
kung des mobilisirten Grundkapitals, der Pfandbriefe überlassen
bleiben. Um eine freie Ausdehnung der Bepfandbriefung der
Güter zu ermöglichen, dazu sind in der Hauptsache die Künd=
barkeit vom Inhaber und die Veränderlichkeit des Zinsfußes die
unfehlbaren Mittel.

Es kommt vor Allem darauf an, daß die Landwirthe zur
Erkenntniß gelangen, daß ihr Interesse durch diese Prinzipien
durchaus nicht beeinträchtigt wird, daß demselben im Gegentheil
dadurch in der vollkommensten Weise gedient wird. Die Land=
wirthe sollen vor Allem bedenken, daß die Emission vom Inhaber
kündbarer Pfandbriefe nichts Anderes ist als die Umgestaltung
eines Theils der großen Masse unserer kündbaren Privathypo=
theken erster Stelle in Papiere auf den Inhaber. Der Einzelne,
welcher seine Privathypothek in Pfandbriefe umwandelt, kündbar
gleich jener, hat den Vortheil, daß er trotz und sogar in Folge
der Kündbarkeit eine Kündigung nie zu fürchten hat, denn die
Pfandbriefe haben Cours und stehen auf pari. Derselbe genießt
als Mitglied des landschaftlichen Verbandes, welcher das etwaige
Risico der einzelnen Hypothek auf sich nimmt und den Inhabern
der Pfandbriefe solidarisch die Sicherheit und Zahlung des Ka=
pitals und der Zinsen verbürgt, den großen Vortheil, daß seiner
Hypothek dadurch ein weiter Markt geschaffen, und dadurch der
Zinsfuß so weit als möglich erniedrigt wird. Ich wende mich
an die große Zahl derjenigen Gutsbesitzer, welche inner=
halb der landschaftlichen Beleihungsgrenze auf ihrer Hy=
pothek kündbares Privatkapital stehen haben, und wel=
chen es bei der Coursdifferenz der alten Pfandbriefe

nicht möglich ist, ihre Hypothek mobilisiren zu lassen, weil sie nicht im Stande sind, den durch den Unter-Pari-Cours bedingten Kapitalausfall zu ersetzen, und stelle diesen die Frage, ob sie lieber ihre **kündbare Privathypothek behalten**, oder ob sie dieselbe in **kündbare Pfandbriefe verwandeln**, und sich dadurch jener unzweifelhaften unmittelbaren Vortheile theilhaftig machen wollen. Ich wende mich ferner an viele von denjenigen Gutsbesitzern, deren Hypothek jetzt bepfandbrieft ist; dieselben können bei dem jetzt sehr niedrigen Cours der Pfandbriefe dieselben kündigen und für eine gleiche Belastung ihrer Hypothek den vollen Betrag derselben baar erhalten, wenn sie sich nur der durchaus ungefährlichen Kündigungsbedingung unterwerfen wollen. Wenn unsere Gutsbesitzer von den vielen Millionen bepfandbriefungsfähiger Privathypotheken nur 30 bis 50 Millionen in kündbare Pfandbriefe verwandeln, und wenn nun auch von diesen flüssigen Millionen $2/3$ fest in den Händen der Pfandbriefbesitzer bleiben, und nur $1/3$ dem Kredit sich zuwendet, indem es den Umsatz des Kapitals vermittelnd überall eintritt, und der Vervielfältigung der Kündigungen zuvorkommt, höhere Hypothekenstellen beleiht, und zum Theil durch den Ausgang nach außerhalb uns den zu wirthschaftlichem Gedeihen nothwendigen Betriebsfactor, das baare Geld, immer wieder zurückführt, dann wird es auf einmal ganz anders aussehen in unserer Volkswirthschaft. Die **Kapitalklage** wird **verstummen** müssen. Dem **berechtigten Kredit** wird es nicht mehr an der **Befriedigung** fehlen. Alle gesunden Elemente der Volkswirthschaft werden vorwärts kommen und werden nunmehr in straffer Anspannung aller Arbeitskraft unserer Production einen solchen Aufschwung geben, daß unsere volkswirthschaftliche Bilance wieder eine günstige sein wird.

Ist es zu verwundern, daß unter den bestehenden Umständen in unserem industriearmen Ostpreußen die Kapitalarmuth bis zur

Kapitalnoth sich steigerte, wenn während vier hintereinander folgender Jahre, in welchen die Getreidepreise bedeutend unter einem vieljährigen Durchschnittspreise zurückblieben, die Landwirthschaft nicht rentirte? Die Landwirthschaft ist bei uns so vorwaltend dasjenige Gewerbe, welches für den Export arbeitet, und uns für den Erlös die Producte der uns fehlenden Industrie zuführt, daß bei solcher Conjunctur ein Verschwinden des Kapitals die unausbleibliche Folge sein mußte. Nun ist nach Zwischenfall eines für unsere Landwirthschaft guten Jahres eine totale Mißernte über dieselbe gekommen. Was ist eine Summe von 10 und 20 Millionen und noch mehr gegen die dauernden Ausfälle in unserer Landwirthschaft in diesen letzten Jahren? Ich weise darauf hin, daß nach den Grundsteuer=Reinertrags=Berechnungen dieser für Ostpreußen auf mehr als 8 Millionen jährlich festgestellt ist. Wie groß muß dann der den zeitigen reellen Güterpreisen entsprechende wirkliche Reinertrag sein? Wie groß müssen die jährlichen Bruttoerträge sein? und wie hoch kann man wohl die Ausfälle in den Bruttoerträgen in diesen Jahren veranschlagen? Ich will es mit Zahlen nicht versuchen; aber das ist nicht zweifelhaft, daß dieselben hoch in die Millionen gehen. Und diese durch jene Mißfälle der Landwirthschaft uns entgangenen Millionen unserer volkswirthschaftlichen Einnahme haben den Ausgang unseres flüssigen Kapitals in dem Maße zur Folge gehabt, daß die Wirthschaft so nicht mehr weiter geht. Das ausgegangene flüssige Kapital ist nicht im Entferntesten ersetzt worden durch die Emission der Pfandbriefe unserer Landschaft. Hat sich auch seit dem Ende der 50er Jahre bis heute die Summe der Pfandbriefe fast verdoppelt, hat sich auch namentlich seit der Ausgabe 4½procentiger Pfandbriefe trotz der immer noch bedeutenden Coursdifferenz und trotz der Schwierigkeiten durch die Verwaltung unserer Landschaft in dem letzten Jahre ein Zuwachs von ca. 4 Millionen ergeben, so ist doch zu berücksichtigen, daß für den Ersatz des ausgehenden flüssigen Kapitals nur derjenige Betrag der neu emit=

tirten Pfandbriefe in Betracht kommt, welcher dem Kredit dienstbar wird. Unserer Landwirthschaft stehen unzweifelhaft wieder bessere Jahre bevor. Die Befürchtungen, welche sich an den niedrigen Stand der Getreidepreise während der letzten Jahre knüpften, jene könnten dauernde Ursachen haben, scheinen sich zu zerstreuen. Unsere Landwirthschaft verschaffe sich den jenen Ausfällen entsprechenden Ersatz, wie der einzelne Privatwirth, welcher selbst nach jahrelangen Mißerfolgen mit immer neuem Kapitalzuschuß muthig fortwirthschaftet. Der Erfolg wird nicht ausbleiben, die Landwirthschaft wird wieder gut rentiren und einen günstigen Abschluß für unsere Volkswirthschaft herbeiführen.

Gleichwohl werden wir auch dann immer noch Zuschuß von flüssigem Kapital brauchen; denn wir haben noch zu viel Chausseen zu bauen, welche bei uns noch kein so dichtes Netz bilden, als in anderen Theilen des preußischen Staatsgebietes schon die Eisenbahnen. Und diese fehlen uns erst recht, und noch manche andere Kapitalanlage thut uns Noth, namentlich jede, welche darauf gerichtet ist, uns diejenigen Industriezweige zu geben, die einen richtigen Boden bei uns haben. Lassen wir uns also auch durch die weitere Fortdauer von Kapitalzuschuß in unserer Volkswirthschaft nicht befremden. Schließlich kommt es auch bei uns dazu, wie in einer Privatwirtschaft, in der keine namhaften Anlagen mehr zu machen sind, daß der Nettoertrag unserer Volkswirthschaft nicht mehr allein in dem erzeugten dauernden Kapital figurirt, sondern daß er in baarem Gelde und dem flüssigem Kapital von auswärts zum Vorschein und Ausdruck kommt. Diese glückliche volkswirthschaftliche Entwickelungsstufe ist es, in welcher ein vielgenannter Nationalökonom unserer Zeit Ursache und Wirkung so sehr verkannt hat, daß er dem baaren Gelde eine seiner Natur innewohnende und dasselbe vor allem anderen Kapital auszeichnende, ganz besondere Wirkung beigemessen hat, solche glückliche wirthschaftliche Zustände herbeizuführen. Diese besondere Wirkung des Geldes ist keine andere als die des flüssigen Kapitals, als die

Wirkung desselben auf den Kredit und die Unternehmung und die Arbeit und die Production. Die Segnungen dieser Wirkung des flüssigen Kapitals können wir uns auch verschaffen, ohne schon so weit zu sein, daß wir den Nettoertrag unserer volkswirthschaftlichen Arbeit nach der Vermehrung des flüssigen Kapitals oder Geldes bemessen. Wir machen unser festes Kapital flüssig und entfesseln damit unsere Arbeitskraft. Dann haben wir nicht allein den Stamm des Uebels der Kapitalarmuth abgehauen, sondern auch eine wesentliche Wurzel desselben, **die Arbeitsstockung**, ertödtet.

Sollte aber außer den erwähnten Ursachen des Uebels noch eine übrig bleiben, vielleicht die älteste von allen, sollte es in unserer Landwirthschaft eine ungesunde Stelle geben, so wird sich diese dann um so leichter kennzeichnen. Es wird uns nicht mehr lange verborgen bleiben, was unserer Landwirthschaft außer dem flüssigen Kapital noch fehlt, und wie derselben zu helfen ist.

Durch Verwandlung der kündbaren Privathypotheken in kündbare Pfandbriefe wird den Landwirthen nicht allein der unmittelbare Vortheil zu Theil, daß ihre erste Hypothek, welche so lange nicht selten gekündigt wurde, und in letzter Zeit dem Gutsbesitzer sogar Sorge verursachte, in flüssiges Kapital verwandelt wird, so daß sie jetzt deswegen jeder Sorge überhoben sein können, sondern noch der viel größere mittelbare, daß dieses ihr Kapital, welches in seiner gegenwärtigen Gestalt des Kredits nicht mehr bedarf, vielmehr als Kreditmittel für anderes kreditfähiges Kapital dienen kann, zur Beleihung der höheren, nicht beypfandbriefungsfähigen ländlichen Hypothek. Auch der städtischen Hypothek und dem Personal-Kredit wird das flüssig gemachte Kapital dienstbar werden. Dennoch nimmt nicht die Landwirthschaft allein, sondern die ganze Volkswirthschaft an dem mittelbaren Gewinn der Mobilisirung des Grundkapitals Theil. Das darf die Landwirthe aber nicht verdrießen, denn der Grund und Boden in jener Eigenschaft als sicherste Grundlage courshabenden Kapitals ist gewissermaßen als Eigenthum des ganzen Volkes anzusehen, nicht der Landwirthe allein. Die Pfandbriefe sind die mobilgemachte erste Hypothek der Volkswirthschaft. Unbeschadet des Eigenthumsrechts des Inhabers hat das Volk einen Anspruch darauf, daß dem Kredit nichts im Wege stehe von dieser Hypothek so viel flüssig zu machen, als die Volkswirthschaft eben flüssiges Kapital braucht. Und es steht dem Kredit hierin nichts mehr im Wege, wenn jeder Gutsbesitzer, dem eine Kündigung von Kapital innerhalb der landschaftlichen Beleihungsgrenze vorkommt, sein Grundkapital sofort in flüssiges Kapital verwandeln, und dieses selbst unmittelbar dem Gläubiger in Zahlung geben kann, welcher kündigte, um das Kapital anderweitig dem Kredit dienstbar anzulegen. Eine volkswirthschaftliche Kapital- und Kreditnoth wird dadurch zur Unmöglichkeit, wie bei dem einzelnen Gutsbesitzer von Kapital- und Kreditnoth nicht die Rede sein kann, welcher noch den größten Theil seiner bepfandbriefungsfähigen Hypothek in Händen hat, wenn er seinem Grundkapital jederzeit eine Gestalt geben kann, in welcher es des Kredits nicht bedarf, in welcher es selbst flüssiges Kapital, d. h. Kapital im gewöhnlichen Sinne des Wortes ist.

Deshalb rufe ich allen Geschäftsleuten und namentlich allen Gutsbesitzern zu: Werfen wir ab die unbegründete Furcht vor dem unheimlichen Gespenst der Kapital- und Kreditarmuth! Es mag mit unserer Production stehen wie es will, wir müssen Kapital schaffen. Und das ist leicht; denn wir haben festes Kapital genug; wir haben nur einen Theil davon flüssig zu machen. Das soll uns eine Landschaft leisten, die Pfandbriefe, kündbar vom Inhaber, mit veränderlichem Zinsfuß, ausgiebt; die soll uns unser Kapital prägen. **Eine solche Landschaft schaffen wir uns!** Diese bringt uns aus der alten Kapital- und Kreditnoth, und bringt uns über das große Mißgeschick dieses Jahres fort, und bringt unsere Volkswirthschaft trotz aller Calamität zu gedeihlichem Aufblühen. Wir werden dann bald die Sorgen vergessen, welche wir uns durch die vermeintliche Kapital- und Kreditarmuth haben verursachen lassen, während wir Kapital genug hatten und nur der Erkenntniß ermangelten, wie dasselbe gegen die sich bemerkbar machende Kapital- und Kreditnoth zur Wirkung zu bringen sei.

VI.

Recapitulation.

I.

Wie ist der volkswirthschaftlichen Kapital- und Kreditnoth am wirksamsten abzuhelfen?

In derselben Weise, wie ein begüterter Geschäftsmann es macht, welcher sich durch Umstände in Kapital- und Kreditnoth versetzt befindet: Er nimmt ein Darlehn auf seine beste Hypothek. Derselbe vertauscht das feste Kapital seiner Grundstücke, welches er für seine Geschäftszwecke entbehren kann, gegen das flüssige Kapital eines Kapitalisten.

Es fehlt unserer Volkswirthschaft nicht an Kapital, sondern nur an **flüssigem Kapital.**

Der der Landwirthschaft gehörende Grund und Boden ist das sicherste Kapital der Volkswirthschaft. Dieses Kapital ist das geeignetste Pfand, um einer Volkswirthschaft, welcher das flüssige Kapital fehlt, solches zu verschaffen.

Durch die Verwandlung der ersten Hypotheken auf den Grund und Boden in Pfandbriefe wird diesem bisher gebundenen Kapital die Natur des flüssigen gegeben, es wird unmittelbar in flüssiges Kapital verwandelt — ohne ein Tauschgeschäft mit einem Kapitalisten.

In welcher Weise wird das flüssig gemachte Grundkapital wirksam, um das fühlbare Kapitalbedürfniß zu befriedigen?

Durch die Verwandlung der festen Hypothek in Händen des Kapitalisten in flüssiges Kapital wird in diesem ein Kreditmittel geschaffen. Der Kredit war für den Kreditberechtigten auch vorher vorhanden; aber erst durch flüssiges Kapital kann derselbe zur Wirkung gelangen. Flüssiges Kapital bedingt **wirksamen Kredit.**

Durch Vermittelung des Kredits gelangt das flüssig gemachte Grundkapital in den Verkehr, und befriedigt jedes berechtigte Kapitalbedürfniß.

Wie der Privatgeschäftsmann im Besitz von flüssigem Kapital dieses jederzeit nach dem Bedürfniß seiner Wirthschaft zu Geld machen kann, so kann die Volkswirthschaft jederzeit mit Hülfe von flüssigem Kapital einen nothwendigen Geldzufluß von Außerhalb herleiten.

Die Mobilisirung von festem Kapital ist das unfehlbare Mittel, wodurch eine Volkswirthschaft jederzeit das im Geschäftsverkehr lautwerdende Kapitalbedürfniß befriedigen und unter allen Umständen sich so viel baar Geld verschaffen kann, als der Verkehr erfordert.

Die landschaftlichen Hypotheken-Kredit-Institute sind die geeignetsten Anstalten, um dem festen Grundkapital durch ihre Pfandbriefe die Eigenschaft des flüssigen Kapitals zu geben.

Den landschaftlichen Kredit-Instituten fällt die bedeutungsvolle **volkswirthschaftliche** Aufgabe zu: Durch **die freie Mobilisirung des Grundkapitals** die Befriedigung jedes berechtigten Kapital- und Kreditbedürfnisses in der Volkswirthschaft zu vermitteln.

Es ist nicht die Höhe der Beleihung des einzelnen Gutes, sondern die dem Bedarf an flüssigem Kapital entsprechende **Ausdehnung der Bepfandbriefung,** welche die Erfüllung der volkswirthschaftlichen Aufgabe der Landschaft bedingt.

Damit die Landschaft die ihr zufallende volkswirthschaftliche

Aufgabe erfüllen könne, muß dieselbe auf solchen Prinzipien basirt sein und eine solche Verwaltung haben, daß der Verwandlung der Privathypothek in Pfandbriefe innerhalb der festgestellten Grenze keine Hindernisse im Wege stehen, damit diese eine dem Kapitalbedarf entsprechende Ausdehnung nehmen könne.

II.

Welchen Gang nehmen die neu emittirten Pfandbriefe in der Volkswirthschaft?

Ein Theil, der größte wahrscheinlich, bleibt fest in den Händen der bisherigen Besitzer der in Pfandbriefe verwandelten Privathypotheken.

Ein zweiter Theil vermittelt, dem Kredit dienend, den Umtausch des festen Kapitals der Privathypothek, und schneidet die vielen Kündigungen ab, die bei Mangel an flüssigem Kapital die Folgen einer Kündigung sind, welche thatsächlich die Verwandlung einer Hypothek, eines festen Kapitals in baar Geld bezweckt.

Ein dritter Theil gelangt auf dem eben bezeichneten Wege in die Hand, welche baar Geld braucht, und kommt eventuell an den Geldmarkt.

Eine forcirte Emission unserer Pfandbriefe kann das Coursverhältniß derselben gegen andere Papiere nicht wesentlich drücken. Dieselbe bedingt vielmehr nur eine im Ganzen stärkere Concurrenz des Kapitals auf dem Geldmarkt.

Die Theilnahme an dieser Concurrenz ist der Volkswirthschaft nach Maßgabe der vorhandenen Arbeitskraft, welche zu ihrer productiven Anspannung des Geldes bedarf, geboten.

Die Befriedigung des Kapital- und Geldbedarfes hat durch die Entfesselung der Arbeitskraft eine gesteigerte volkswirthschaftliche Production zur Folge.

Die Belebung der volkswirthschaftlichen Production erfordert die Mobilisirung des Grundkapitals, falls die wirthschaftlichen Verhältnisse nicht baares Geld in die Volkswirthschaft bringen, also flüssiges Kapital schaffen, ohne daß das feste flüssig gemacht wird.

Welche wirthschaftlichen Verhältnisse können ein dauerndes Verschwinden des flüssigen Kapitals aus der Volkswirthschaft bedingen?

1) Die Verwandlung von flüssigem Kapital in festes durch dauernde wirthschaftliche Kapitalanlagen mit Hülfe der Arbeit des Auslandes. Die Volkswirthschaft kann bereichert sein und sich in gesündester Verfassung befinden, während sich doch ein Kapitalmangel bemerkbar macht. Die Volkswirthschaft gleicht in diesem Falle dem Privatmann, welcher mehr als seinen jährlichen Nettoverdienst fest in der Wirthschaft anlegt, und sich dadurch in Mangel an disponiblem Kapital versetzt.

2) Ein wirklicher Ueberschuß der Consumtion über die Summe der ganzen Production, incl. der des erzeugten festen Kapitals. In diesem Falle befindet sich die Volkswirthschaft in Folge von Mißgeschick, und namentlich allgemeiner Calamitäten, die das umfangreichste ihrer Gewerbe, die Landwirthschaft, betreffen. Die Volkswirthschaft gleicht in diesem Falle dem Geschäftsmann, den Unglück in seiner Wirthschaft trifft, wobei dieselbe aber doch fortbestehensfähig bleibt. In beiden Fällen ist es Aufgabe der Volkswirthschaft, das ausgegangene Kapital so schnell als möglich wieder zu ersetzen, um eine gedeihliche Fortentwickelung der Wirthschaft zu ermöglichen, ebenso wie es der Privatmann thut.

3) Es kann aber Elemente in der Volkswirthschaft geben, welche ungesund sind, und welche dauernd mehr consumiren als produciren. Wenn solche den Abfluß des Kapitals bedingen, kann nicht die Mobilmachung anderen Kapitals helfen, sondern nur Erkenntniß und Umkehr. Solche Zustände gleichen der Privatwirthschaft, welche dem Bankerott entgegen geht.

Welches sind die natürlichen Grenzen der Mobilisirung des Grundkapitals?

Der Kapitalbedarf, soweit er gesunden wirthschaftlichen Verhältnissen entspricht, wird mit Hülfe des Kredits seine Befriedigung finden, sobald Kreditmittel vorhanden sind. Durch den Kredit kommt das mobilgemachte Grundkapital nach Bedarf in den Verkehr.

Einem ungesunden Kapitalbedarf kann die Mobilisirung des Grundkapitals nicht zum Mißbrauch dienen, denn dieses Kapital wird nur durch die Vermittelung des Kredits wirksam, und solcher wird der ungesunden Wirthschaft nicht zu Theil.

Also der Kredit regulirt die Mobilisirung des Grundkapitals und steckt derselben die naturgemäße Grenze.

Es kann in der Volkswirthschaft nie zu viel flüssiges Kapital, Pfandbriefe, vorhanden sein. Was davon, zum Dienste des Kredits bereit, dennoch von diesem nicht gebraucht wird, bleibt zeitweise gleich dem größten Theil des ganzen Pfandbrief=Kapitals fest in der Hand des Kapitalisten, aber immer zu einem sich darbietenden Kreditgeschäft bereit liegend.

Werden dem berechtigten Kreditbedürfniß die Befriedigungsmittel, das flüssige Kapital, durch die Unzulänglichkeit der volkswirthschaftlichen Anstalten vorenthalten, so wird die Kredit=Prämie durch die Concurrenz der Unternehmung und der Arbeit auf das flüssige Kapital und das Geld zum Wucherzins gesteigert. Der Wucherzins wird zum Nothzins für alle diejenigen, welche, ohne durch ihre Wirthschaft den hohen Zinsfuß erschwingen zu können, Kapitalzahlungen zu leisten haben, und um das flüssige Kapital oder Geld mit concurriren müssen.

Solchen unnatürlichen wirthschaftlichen Zuständen macht die Mobilisirung des Grundkapitals ein Ende.

Die Mobilisirung des Grundkapitals wird vielmehr eine Concurrenz des flüssigen Kapitals um die Anlage hervorrufen, und den Zinsfuß nach Maßgabe der durch die Sicherheit jedes einzelnen Kreditgeschäfts bedingten Kredit=Prämie auf das niedrigste Maß herunter bringen.

Die Mobilisirung des Grundkapitals bietet eine unzweifelhafte Garantie gegen die von den Landwirthen aus der Aufhebung der Zinsbeschränkungen befürchteten gefährlichen Folgen.

Das mobilisirte Grundkapital kann sich nicht ausschließlich der Landwirthschaft zuwenden. Alle anderen Geschäfte concurriren darum mit der Landwirthschaft. Um in dieser Concurrenz sich der Benachtheiligung durch die lästigen Formen und Bedingungen der Hypotheken=Beleihung zu entziehen, haben die Landwirthe solche zu beseitigen.

III.

Der reglementsmäßige Zweck der Ostpreußischen Landschaft: die Förderung eines dauernden Kredits der dem Verbande angehörenden Gutsbesitzer, ist nicht sachgemäß präcisirt.

Das feste Grundkapital der zu ihrem Verbande gehörenden Gutsbesitzer in coursfähiges Kapital zu verwandeln, ist der sachgemäße Ausdruck für den nächsten Zweck der Landschaft.

Dieser Zweck ist für eine Landschaft ein zu eng gesteckter. Jede Landschaft muß die mittelbare volkswirthschaftliche Aufgabe zu der ihrigen machen.

Jede privilegirte Landschaft muß dieses für ihre Pflicht erkennen. Der ganze durch das Privilegium belastete Grundbesitz muß die Erfüllung dieser Pflicht von der Landschaft fordern.

Die sämmtlichen alten Landschaften, wie die neueren Hypotheken=Kredit=Institute, sind gegenüber der großen ihnen zufallenden volkswirthschaftlichen Aufgabe unwirksam zu nennen.

Das Haupthinderniß, welches der Verpfandbriefung des Grund und Bodens durch diese Kreditgesellschaften entgegensteht, ist der **Unter=Pari=Cours der Pfandbriefe**. Der Gutsbesitzer erhält von der Landschaft an baarer Valuta we=

niger als den Betrag der Belastung seiner Hypothek. Dem Besitzer fehlt das flüssige Kapital die Coursdifferenz zu decken. Der Art ist die Bepfandbriefung der Güter unmöglich, deren Hypotheken schon belastet, und noch über die Grenze der landschaftlichen Beleihung belastet sind.

Der Pari-Cours ist durch kein anderes Mittel als durch **veränderlichen Zinsfuß und Kündbarkeit vom Inhaber**, durch diese aber sicher in dem erforderlichen Maße zu erzielen.

Gegen den variablen Zinsfuß lassen sich keinerlei Bedenken erheben; derselbe ist auch in der Praxis nichts Neues mehr.

Der variable Zinsfuß bedingt aber die Nothwendigkeit einer Garantie für den Kapitalisten, daß er mit Zinsen und Kapitalwerth, welcher sich bei einem von dem Inhaber nicht kündbaren Pfandbrief auf den Zinsfuß basirt, nicht der Willkür der Landschaft preisgegeben sei.

Diese Garantie kann dem Kapitalisten auf keine andere Weise vollkommener geboten werden als dadurch, daß die Pfandbriefe kündbar von dem Inhaber gemacht werden.

Die Kündbarkeit wird außerdem der Landschaft zum Motiv für unveränderliche Solidität, sowie dieselbe dem Kapitalisten eine wesentliche Garantie dafür bietet.

Die Kündbarkeit ist für die Landschaft in normalen und auch in kritischen Zeiten durchaus **ungefährlich**.

Die Veränderlichkeit des Zinsfußes kann allein den Pari-Cours der Pfandbriefe nicht bedingen. Die Coursschwankungen sind, namentlich in kritischen Zeiten, durch die Furcht vor Kapitalverlust bedingt. Die Kündbarkeit giebt dem Kapitalisten die Garantie gegen Kapitalverlust. Die Kündbarkeit ist deshalb ein **Hauptmoment** den Pari-Stand der Pfandbriefe zu erhalten.

Die Kündbarkeit würde den Pfandbriefen einen Vorzug vor allen anderen Kapitalpapieren geben, welcher dieselben zum beliebtesten Papier der größten Zahl von Kapitalisten machen würde.

Die Landwirthe sollen sich diese Eigenschaft ihres Pfandobjectes, welches seiner Natur nach die Kündbarkeit der darauf gegründeten Kapitalpapiere zuläßt, was kein anderes festes Kapital, keine Eisenbahn z. B. kann, zu Nutze machen, um ihren Pfandbriefen damit einen Vorzug vor allen anderen Papieren zu geben.

Die Kündbarkeit der Pfandbriefe wird denselben bei der zeitgemäßen Höhe des Zinsfußes eben so sicher den Pari-Cours selbst in kritischen Zeitläufen geben, als unsere Banknoten in Folge ihrer täglichen Zahlbarkeit immer, selbst in kritischen Zeiten, den Pari-Cours behaupten. Wie ein Zwangscours die Banknoten unter pari bringt, so auch die Unkündbarkeit die Pfandbriefe.

Die Schwierigkeiten, welche die Banknoten durch ihre tägliche Zahlbarkeit in kritischen Zeiten den Banken verursachen, können der sonstigen Natur der Pfandbriefe nach durch die Kündbarkeit derselben bei einer Landschaft unmöglich zur Erscheinung kommen.

Der kündbare Pfandbrief gleicht der Privathypothek. Derselbe hat aber dieser gegenüber alle für den Gutsbesitzer sowohl als für den Kapitalisten nur möglichen Vorzüge.

Die Landschaft hat für ihre Pfandbriefe, in normalen wie in kritischen Zeiten, unter keinen Umständen mehr Kündigungen zu befürchten als die Gesammtheit der Besitzer nicht beypfandbrieften Güter für ihre kündbaren Privathypotheken. Die Summe der letzteren ist in unserem Ostpreußen wohl 10 mal größer als die Summe der Pfandbriefe.

Entzieht sich in kritischen Zeiten zum Theil das baare Kapital dem Kredit, so wird dasselbe um so mehr in den sicheren den Kapitalwerth garantirenden kündbaren Pfandbriefen Anlage suchen.

Die Furcht vor der Kündbarkeit beruht im Mangel einer richtigen Anschauung von dem Kapital, von dem festen und von dem flüssigen, von der großen Masse des ersteren und von der Rolle des letzteren. Das flüssige Kapital vermittelt den Umtausch in der großen Masse des festen Kapitals. Das flüssige Kapital dient als Waare auf dem Geldmarkt, um der Volkswirthschaft das erforderliche Geld zuzuführen.

Eine Kündigung von Hypotheken-Kapital, welche die Tendenz hat zum Ersatz der Ausfälle oder zur Zahlung an das Ausland Zahlmittel zu schaffen, muß befriedigt werden. Ein Theil des festen Kapitals muß flüssig gemacht werden.

Geschieht dieses nicht, und die Kündigung kann nicht die directeste Befriedigung finden, so ist eine Vervielfältigung derselben die Folge davon. Diesen gefürchteten Kündigungen wirkt die freie Mobilisirung des Grundkapitals entgegen und nimmt der Furcht vor der Kündbarkeit der Pfandbriefe vollends den Boden.

Indem die Unkündbarkeit der Pfandbriefe das hauptsächlichste Hinderniß für die Mobilisirung des Grundkapitals ist, wird dieselbe in einer Zeit des Kapitalmangels zur Ursache vieler Kündigungen von Privathypotheken, also zur Ursache des Uebels, welches dieselbe beseitigen soll.

Die Unkündbarkeit der Pfandbriefe ist ein großer volkswirthschaftlicher **Fehler**.

Die Kündbarkeit der Pfandbriefe dagegen ist nicht nur nicht zu fürchten, sondern sie **verbürgt der Landschaft den sicheren Erfolg in Erfüllung ihrer volkswirthschaftlichen Aufgabe**.

Eine Landschaft, welche ihre volkswirthschaftliche Aufgabe erkennt und dieselbe durch die Ausdehnung der Bepfandbriefung auf bisher nicht bepfandbriefte Güter zu erfüllen strebt, und die Interessen der Gutsbesitzer und Kapitalisten vereinend, Pfandbriefe mit Kündbarkeit vom Inhaber und veränderlichem Zinsfuß ausgiebt, wird überall das größte Vertrauen erwecken und ihren Pfandbriefen die günstigste Aufnahme verschaffen.

IV.

Zufolge der Tendenz der Landschaft, mehr durch Ausdehnung der Bepfandbriefung der Güter, als durch eine höhere Bepfandbriefung einer beschränkten Zahl derselben ihre Aufgabe zu erfüllen, muß es ihr Prinzip sein, die Werthfeststellung und die Beleihungsquote so zu wählen, daß die Pfandbriefe für alle denkbaren Fälle die sicherste Grundlage haben.

Es ist zu empfehlen, das Taxverfahren so zu stellen, daß der ermittelte Werth sich dem zeitigen Verkaufswerth mehr nähert, jedoch die Beleihungsquote niedriger, nicht über $1/2$ der Taxe zu nehmen.

Ein landschaftliches Taxverfahren muß: 1) den dauernden Werth des Gutes unabhängig von der zeitigen Wirthschaftsmethode angeben, 2) dasselbe muß die Parteilichkeit ausschließen, 3) dasselbe muß für das ganze landschaftliche Gebiet auf gleichen Prinzipien basirt sein, 4) dasselbe muß jedem dauernden Werthmoment des einzelnen Gutes gebührende Rechnung tragen, 5) dasselbe muß einfach sein.

Die Taxprinzipien aller Landschaften sind veraltet und für längere Dauer unhaltbar.

Die Werthschätzung nach den Behufs Vertheilung der Grundsteuer bestimmten Reinerträgen entspricht den obigen Bedingungen nicht.

Ein zweckentsprechendes Taxverfahren für eine Landschaft giebt die Combination **der Bonitirung für die Grundsteuervertheilung** mit einer von der Landschaft aufzustellenden **Werthtabelle** für die verschiedenen Bodenklassen in den verschiedenen Kreisen des landschaftlichen Gebiets, unter Anwendung einer von der Landschaft aufzustellenden **Norm für die Berechnung** derjenigen Werthmomente des einzelnen Gutes, welche in der Bodenklasse einen Ausdruck nicht finden.

Den Werthsätzen der Bodenklassen ist eine bestimmte Norm für Gebäude und Inventarium zu Grunde zu legen und das Fehlende in der Taxe in Abzug zu bringen. Die sämmtlichen Steuern und Lasten sind zu kapitalisiren, und der Kapitalbetrag von dem Taxwerth abzuziehen.

Die Werthsätze sind entweder systematisch zu berechnen oder im Wege der Uebereinkunft festzustellen. In jedem Falle muß die Feststellung eine einheitliche für das ganze landschaftliche Gebiet sein. Diese Eigenschaft haben die Reinertragssätze Behufs Vertheilung der Grundsteuer nicht.

Es giebt wesentliche Werthmomente eines einzelnen Gutes, welche sich nicht in der Bodenklasse ausdrücken lassen. Diese müssen auf Bericht eines Sachverständigen mit Zugrundelegung einer von der Landschaft aufzustellenden festen Norm als Quote des Taxwerths in Rechnung gebracht werden.

Indem das System die Mängel der reinen Grundsteuertaxe vermeidet, macht es sich durch die Benutzung der Bonitirung für die Grundsteuervertheilung des größten Vortheils theilhaftig, welchen die Arbeiten für die Grundsteuer zu bieten vermögen.

Jede Taxe erfordert einen Lokalbericht eines landschaftlichen Kreissachverständigen. Nach Eingang dieses Berichts ist die Taxe mit Hülfe aller vorhandenen Grundlagen durch eine kurze Rechnung aufzustellen.

Bei Schätzung des Waldes ist von dem Holzwerth zu abstrahiren.

Gewerbliche Nutzungen sind keine geeigneten Pfandbriefgrundlagen. Sollen derartige Pertinenzien nicht ganz von der Taxe ausgeschlossen werden, so können dieselben unter der Bedingung gesicherter Dauer des Gewerbsbetriebes, jedoch nur nach dem Materialwerth der Anlage in Rechnung gebracht werden.

Ein landschaftliches Taxverfahren muß die Ueberzeugung gewähren, daß der Werth des Gutes einen unparteiischen und sachgemäßen Ausdruck erhält, und daß die Landschaft für alle denkbaren Fälle gesichert ist. Jede über die Erfüllung dieses wesentlichen Zweckes hinausgehende Weitläufigkeit ist schädlich und zu vermeiden.

V.

Von der Verwaltung der Landschaft. ist hauptsächlich zu verlangen: daß dieselbe dem Geschäft jede mit ihrer Sicherstellung vereinbare **Erleichterung und Beschleunigung** zu Theil werden läßt.

Die Ostpreußische Landschaft bleibt in unglaublicher Weise hinter der Erfüllung dieser berechtigten Forderung zurück.

Die Landschaft ist kein Kapitalist, der Darlehn giebt, sondern ein Institut, welches im Dienste des einzelnen Gutsbesitzers und der Volkswirthschaft die Verwandlung der bepfandbriefungsfähigen Hypothek in Pfandbriefe vermittelt. Die Landschaft soll sich dessen bewußt sein und fragen, was sie der Landwirthschaft und der Volkswirthschaft schuldig ist.

Wenn die privilegirte Landschaft zur Erfüllung dieser Schuldigkeit nicht zu bringen ist, so ist es nothwendig, eine neue Landschaft zu stiften, richtig in Prinzipien und zeitgemäß in Formen.

Die Verwaltung der Landschaft hat Alles auszuschließen, was zu der Erfüllung ihrer Aufgabe nicht in der allerunmittelbarsten Beziehung steht.

Das Tilgungssystem ist unnütz, sogar schädlich, und jedenfalls verwerflich.

Die Verfassung der Landschaft muß eine den Anforderungen an die Verwaltung entsprechende sein. Die **ständische** muß sich in eine **kaufmännische** verwandeln.

Die Organisation der neuen Berliner Actien=Hypotheken=Kredit=Institute ist in dieser Richtung nachzunahmen.

Andererseits ist der Charakter dieser Institute dem Zweck

nicht günstig. Die Elemente einer radikalen Reform in den Hauptprinzipien fehlen denselben wie den alten Landschaften.

Eine nach den hierin entwickelten Prinzipien verjüngte oder neu gegründete Landschaft bewahrt die einfache und solide Gestalt eines auf Selbsthülfe und Solidarhaft gegründeten Vermittelungs-Instituts zwischen den einzelnen Gutsbesitzern und den Kapitalisten, und bietet beiden durch eine zeitgemäße Verfassung die Vortheile der Actiengesellschaft und hat vor dieser wie vor der alten Landschaft den Vortheil der Richtigkeit ihrer Hauptprinzipien voraus, welche dieselbe befähigen, ihre volkswirthschaftliche Aufgabe zu erfüllen.

Eine Landschaft nach dem hierin proponirten System intendirt: einen Theil der vielen Millionen kündbarer erster Privat-Hypothek in kündbare Pfandbriefe zu verwandeln.

Die unmittelbaren Vortheile davon für Gutsbesitzer und Kapitalisten sind erheblich und allein Motiv genug, eine solche Landschaft durch Vertrauen und Betheiligung zu begünstigen.

Da aber von diesen Millionen mobilisirten Hypotheken-Kapitals ein großer Theil dem Kredit dienstbar wird, so ist damit das wirksamste Mittel zur Hebung aller **Kapitalnoth und Kreditnoth**, welche seit Jahren einen unsäglichen Druck auf unsere wirthschaftlichen Zustände ausübt, gegeben.

Damit ist gleichzeitig eine Hauptwurzel des Kapitalmangels, die Arbeitsstockung, ertödtet.

Unsere Volkswirthschaft wird wieder aufblühen und wird nie wieder in solche unnatürliche Zustände zurückverfallen.